＼今すぐ行きたくなる！／

日本のお城

城の達人倶楽部

ロング新書

もくじ

1章 城の基本知識

2章 世界に誇る名城の見どころ、その謎と不思議

4章　城を落とす激しい攻防戦

5章

築城名人の武将たち

6章

この城にこの姫さま

1章

城の基本知識

◈城の誕生——古代から江戸時代までに数万の城が築かれた

「城」というと、江戸時代に大名が居住した館で、なかでももっとも姿が立派で目立つ「天守閣」のことだと思っている人もいるようだが、天守閣は城の一部であり、城は古くは七世紀から造られている。奈良〜平安時代には、東北地方の蝦夷を制圧するため、朝廷は東北の境に多賀《たが》城や胆沢《いさわ》城を築いている。

鎌倉時代になって武士が台頭しはじめると、全国に山城が造られるようになり、武家社会とともに発展し、戦国時代には山城が無数に築かれた。

山城は敵の攻撃を防ぐため険しい山の上に築いた城で、城主も兵士も平時は山のふもとの館に住み、戦になると山城にたてこもって防戦した。戦国大名たちは競って険しい山の上に城を築いたが、戦国時代の後半になると、城造りに大きな変化が起こる。

城は戦のためだけでなく、国を治める政治経済の中心地となった。そのため高い山上ではなく、平野部かその近くにある丘に造られ、城下町をもつ新しい形となった。

この城の大変化を最初に実現したのが、織田信長の安土城である。巨大な安土城を築いてまわりに城下町を整備し、商人を集めて商業を発達させ、一大商業都市を造ろうとした。

さらに豊臣秀吉は、安土城にならって大坂に巨大な平城を築き、壮大な商業都市の建設を目指した。平城とは平地に築いた城である。

そこで、諸国の大名たちも平城と城下町造りをはじめる。平地に堀や石垣をめぐらし、壮大で優美な天守閣を建て、優雅な庭園を造り、見た目の美しさも競うようになる。江戸時代には全国に三〇〇以上の藩があり、「一城一藩」という決まりがあって、藩主は城を造った。多くの人が日本の城といわれてイメージするのは、この近世の城郭のことである。小さい藩では豪壮な城は造れないので、「陣屋」を造った。

古代から江戸時代までに築かれた城の数は、砦や城柵、陣屋も含めると数万といわれる。だが、多くの人がイメージする壮麗な江戸時代の城は、一六〇くらいといわれ、そのうち天守閣を持つ城は一〇〇ほどだったといわれる。

それらの天守閣は、火災や明治維新の取り壊しに遭い、当時のまま現存する天守閣は一二だけとなった。だが、復元、復興されたものが三〇~四〇あり、模擬天守閣が五〇ほどといわれる。模擬天守閣とは天守閣があったかどうか不明だが、現代になって造られたものである。

◇城の種類――地形的に四つに分類する

中世以後に造られた城を地形的に分けると次の種類になる。

①山城（やまじろ）＝中世から戦国時代初めに造られた。敵の攻撃を防ぐため、険しい山上に築かれ、尾根伝いに上ってくる敵がよく見渡せるように造られた。戦国時代の名城とされる五大山城には、次が挙げられる。

1 春日山《かすがやま》城　（越後　上杉氏）
2 七尾《ななお》城　（能登　畠山氏）
3 月山富田《がっさんとだ》城　（出雲　尼子氏）
4 小谷《おだに》城　（近江　浅井氏）
5 観音寺《かんのんじ》城　（近江　六角氏）

②平山城（ひらやまじろ）＝小高い丘や丘陵に築かれた城で山城と平城の中間。代表的なものは、姫路城（兵庫県）、松山城（愛媛県）、彦根城（滋賀県）、和歌山城（和歌山県）などがある。

③平城（ひらじろ）＝近世に多く見られ、平地に築かれた城。防御のために水堀や石垣

を築いた。代表的なものは、江戸城、大坂城、名古屋城、二条城、広島城などがある。

④水城（みずじろ）＝海や湖、沼に面しており、水面に浮かんでいるように見える。海、湖、沼が天然の堀となり、さらにその水を引き込んで堀をめぐらすと、二重、三重の防御となった。代表的なものは、高松城（香川県）、中津城（大分県）、今治城（愛媛県）などがある。

◈城の構造——基本設計と敵の虚を突く工夫

①縄張り（なわばり）

縄張りとは、堀、門、曲輪《くるわ》（本丸や二の丸）などの配置のことで城を造るときの基本設計。城がいいか悪いかはこの設計によって決まる。城を築くときは、まず土地選びで、次に縄張り↓普請↓作事（造営）となる。土地は、風水の「四神相応の地」や、戦の防衛に優れた場所が選ばれた。

②曲輪（くるわ）

場内に配置された小区画のこと。城の最も重要な部分で、次のようなものがある。

＊本丸（本丸）＝城の中心で、本丸御殿などは居住と政務をとるところで、戦では最終

防衛線となる。天守閣や櫓が築かれる。
＊天守丸＝本丸の中で天守を持つ曲輪。本丸をこう呼ぶ場合もある。
＊二の丸（にのまる）＝本丸の周囲か隣に置かれ、城主の住まい、藩庁、諸役所などが設置された。
＊三の丸（さんのまる）＝二の丸の外側か隣接して置かれ、重臣の住まい、馬場、厩などが置かれた。
＊西の丸（にしのまる）＝本丸の西側に置かれた。城主の隠居所または城主の世継ぎの住まい。
＊帯曲輪（おびくるわ）＝主要な曲輪の外側を細長く取り囲んだ曲輪。
＊出丸（でまる）＝城の防御を強化するために、本城から張り出して築かれた小城。

③虎口（こぐち）

城の出入り口で、攻防戦では敵の襲撃を防ぐ要所となるため、さまざまな工夫がされている。
＊一文字虎口＝虎口の前後に一文字状（一直線）の土塁や石垣を築いて敵の直進を防ぎ外から城内が見えないようにした。

大坂城の枡形虎口

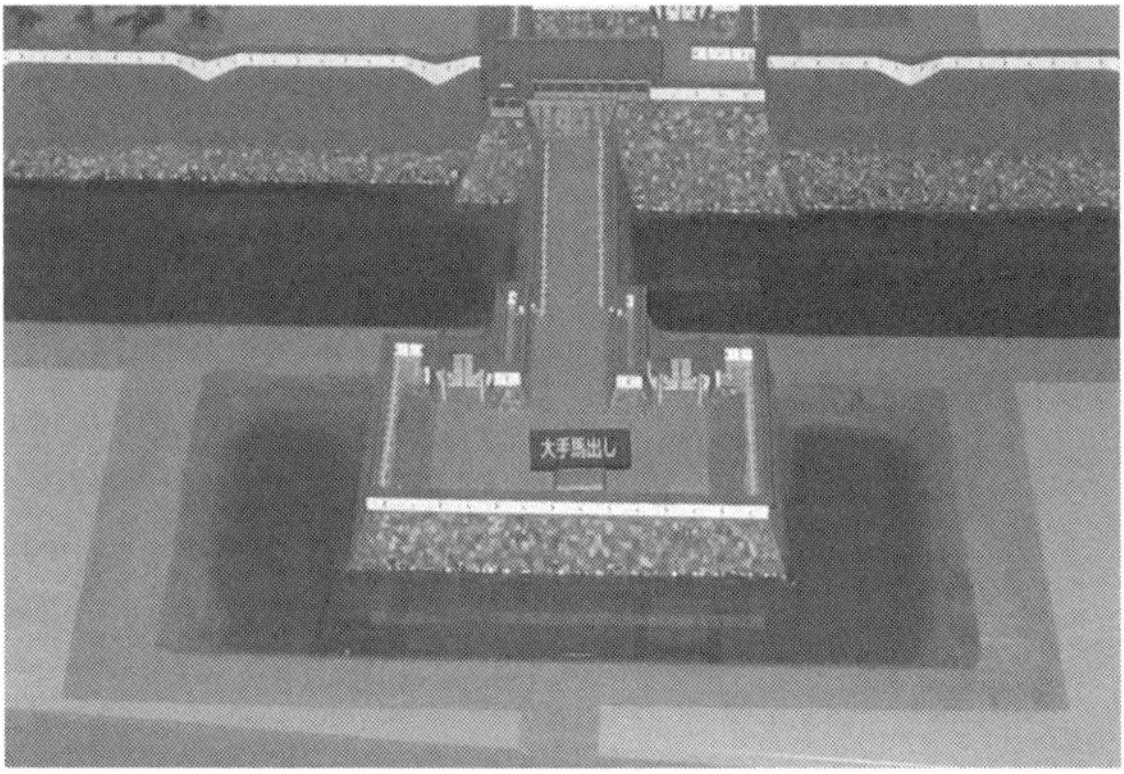

篠山城大手馬出し

＊喰違虎口（くいちがいこぐち）＝土塁や石垣を食い違いにすることによって、開口部を横に設け、攻め入る敵はS字型の進路をとらざるを得なくなり、守る側から横からの攻撃を受けやすくなる構造。

＊枡形虎口（ますがたこぐち）＝虎口の前面に方形の空間を設け、そこに門を二重に構えることで攻撃側は枡形内部に侵入しても、二番目の門によって城内への侵入を阻まれ、ここで守る側から攻撃を受けることになる。

＊馬出虎口（うまだしこぐち）＝虎口の前に馬出を設けて敵の侵入を防いでいる。

⑤馬出し（うまだし）

城門の前に配置された小さな曲輪。敵の攻撃から虎口を守り城兵の出入りを助ける。

⑥横矢（よこや）

虎口や土塁、石垣に近づく敵を横から射るために、塀や土塁を折り曲げて設けた屈曲。敵の側面を狙って、敵の虚を突く工夫。

⑦狭間（はざま）

城内から矢や弾丸を発射するための穴。塀や櫓の壁に小さく開ける。石垣の上面を削ってくぼめたものは石狭間という。

櫓形状図

⑧天守（てんしゅ）

城の中心となる建物。敵の攻撃を見張り、城内、城外、遠方まで見張ることができる眺望が求められた。畳、便所など居住設備が設けられている天守もあるが、通常は、城主は本丸や二の丸に住んだ。戦の指揮を執った場所としての役割だけでなく、城主の威厳や力をあらわすものだった。

⑨櫓（やぐら）

城外の見張りと武器や食糧を保管する役割の建物。

⑩石垣

敵の侵入を防ぐために石を積み上げて壁としたもの。石の積み方にはいくつか種類がある。石垣を積むのは大変な作業で、戦国時代には全国各地に穴太衆（あのうしゅう）、越前衆、尾張衆などという、石垣積みのプロの石工集団が現れた。

穴太衆は信長が造った安土城の石垣を積み上げた集団で、何と、その技術を引き継いだ子孫が、現在も滋賀県大津市に株式会社粟田建設という会社を造って石垣積みや修復工事を行っている。

⑪土塁

曲輪の周囲に設けられた防壁、堀を掘って出た土を城内に盛り上げて築いた。

⑫水堀・空堀

堀は敵の侵入を防ぐため城の周りにめぐらした溝。平山城や平城では水を入れた水堀が主流だが、山城では空堀が造られた。

空堀があると、城に侵入する敵は、堀をよじ登らなくてはならないので、城を守る側に身をさらすことになり、撃たれる的になった。重い甲冑や槍などを持って登るのは難しく、もたもたしていると弓矢や鉄砲で簡単に殺された。

＊薬研堀（やげんぼり）＝底がV字型のとがっている堀で空堀につかわれる。底がとがっているので、通行できない。

＊毛抜堀＝底がU字型の水堀。

＊箱堀＝底が箱型の水堀。鉄砲の普及によって堀の幅を広げる必要が起こり、底を広げて箱型にした。江戸城の堀が箱堀である。

また、水堀では敵が船で渡ってきたり、泳いで渡ってくるので、それを阻むために水中に丈夫なつるを伸ばす菱を繁殖させたり、網を張り巡らすなどの工夫をした。網には音が出る鳴子をつけたりした。

2章

世界に誇る名城の見どころ、その謎と不思議

姫路城

世界遺産に登録されたもっとも美しい城

①所在地・兵庫県姫路市　②築城年・貞和二年（１３４６）
③築城主・赤松貞範、羽柴秀吉、池田輝政　④形式・平山城

◈天守閣、櫓など主要な建造物が現存する優美な城

姫路城は、平成五年（一九九三）、日本の木造建造物として最高のレベルで、白漆喰《しっくい》の城壁が優美さを醸し、デザイン的にも優れているとしてユネスコの世界遺産に登録された。白漆喰総塗籠造りの美しい姿は、天空に白鷺が翼を広げたさまをイメージさせるので、「白鷺城」（しらさぎじょう）とも呼ばれる。

平成二六年（二〇一四）に大修理が完了し、まさに白鷺のごとく真っ白で優美な姿をとり戻した。国宝の天守閣、櫓（やぐら）、石垣、堀などが江戸時代初めに改修されたまま残り、日本一の現存度を誇る。重要文化財の数でも日本一の名城といえる。

姫路城の美しい姿

◈姫路城の始まり

南北朝時代の貞和二年（一三四六）、播磨国（はりまのくに・現在の兵庫県）の豪族・赤松貞範が、標高四五メートルの低い姫山の上に城を築いたのが始まりである。以来、赤松氏一族の小寺氏が赤松氏の代理として姫路城を守ってきた。その後、軍師の黒田孝高（よしたか・黒田官兵衛）が城主代理を引き継いだ。

天正五年（一五七七）、羽柴秀吉が中国地方の覇者・毛利氏を討つために西下してきたとき、黒田官兵衛は秀吉を姫路城に迎えて、中国地方制圧に協力することを約束した。そこで秀吉は、中国地方の要所として姫路城の大々的な改築に取りかかった。城を拡大して櫓を多く設け、三層の立派な天守閣を築いた。

その後、慶長五年（一六〇〇）、関が原の戦いで徳川家康に味方し、家康の娘むことなった大名・池田輝政が姫路城に入った。池田輝政も姫路城の大改修を始め、秀吉が造った建物や石垣をすべて取り壊して新たに城を造った。

したがって、姫路城は、秀吉が造った城を改修したというより新しく造営したのと同じで、池田輝政は、約九年かけて完成させた。現存する天守閣、櫓、門などの建造物は、このとき造られたものである。

元和三年（１６１７）、池田輝政は鳥取城に移され、代わって姫路城主となったのは徳川譜代大名の本多忠政だった。忠政は家康と縁が深く、嫡男の忠刻（ただとき）の正室として、家康の孫の千姫が嫁ぐことになった。そこで、忠政は千姫のために西の丸御殿を増築し、千姫の休息所・化粧櫓も建てている。

◇最高の築城技術と見どころ

姫路城はその美しさで知られるが、それだけではなく、敵の侵入を防ぐさまざまな工夫や仕掛けが施されており、防備にも優れ、最高の技術で建設された城である。

姫路城の化粧櫓

姫路城の見どころはたくさんあるが、やはり天守閣は最も見ごたえがある。大天守のほかに乾小天守、東小天守、西小天守の三つもあり、これらがバランスよく連なるさまはじつに見事。大天守は五層七階の壮大なものである。小天守は三層五階と三層四階で連立式という渡櫓（わたりやぐら）で構成されている。

内堀に囲まれた内曲輪は、本丸、二の丸、三の丸、西の丸、出丸が連郭式に構築され、内曲輪だけで約七万坪の広さがあった。

防御のための仕掛けもさまざましつらえてある。まず、射撃用の隠し窓である狭間は数千も設けられ、門や塀には石落しが、天守閣内部には隠し部屋がある。本丸から西の丸には、脱出用の隠し道が設けられている。本丸から姫山の原生林へ抜ける抜け道があったともいわれる。

さらに門が多数あり、敵が一気に攻め上がれないように工夫されている。門や石垣、土塀は複雑に屈曲して防御機能を高めている。

◈西の丸の見どころ

家康の孫の千姫のために造られた西の丸は、御殿は現存していないが、西の丸の西から北へ、化粧櫓と渡櫓がぐるりと取り囲んでいる。化粧櫓の中は畳敷きで、御殿に住む千姫が毎朝、男山天満宮を参拝するときに、ここで休息して化粧を直した部屋がある。渡櫓は細長く続き、内部の廊下は百間廊下と呼ばれている。廊下に面して部屋が多く設けられていて、千姫の侍女たちが居室として使っていた。

千姫と侍女たちが使う部屋であったにもかかわらず、渡櫓には横矢という敵に隠れて矢を射る仕掛けや屈曲部が設けられ、石落しも多く造られ、城砦としての機能も持っている。

◈「腹切丸」のいわれとは

天守閣の南東に、「腹切丸」という物騒な名前の建物と広場がある。これは城の防御のために射撃などを行う場所、また兵を隠しておく隠し砦として造られた。だが、出入り口がひとつしかなく、武士が切腹をした場所といわれてもおかしくない陰気な雰囲気が漂い、「腹切丸」という呼び名がついた。

だが、実際にはここは切腹などをする場所ではなかった。本来は帯曲輪（おびくるわ）という。

◈背筋も凍りつく「皿屋敷」怪談は本当にあった？

姫路城内には、もうひとつ恐ろしい場所がある。それが播州皿屋敷のお菊井戸だ。播州皿屋敷のお菊とは、殺されたお菊の幽霊が毎晩、井戸の中から出てきて「一まーい、二まーい…」と皿を数えるという、あの怪談である。

姫路城の城主が小寺氏だった室町時代、姫路城執権であった青山鉄山は、ひそかに城主の小寺氏を花見の宴で殺害しようと企んでいた。

小寺氏につかえる忠臣の衣笠元信はこれに気づいて、主君のため殺害計画を阻止しようと、愛人のお菊を鉄山の屋敷にスパイとして送り込んだ。お菊は、鉄山が花見の宴の席で小寺氏を毒殺する計画であることを突き止め、愛人の衣笠元信に知らせた。

播州皿屋敷のお菊井戸

お菊のおかげで、花見の宴では衣笠元信は青山鉄山の謀反をとめようとして鉄山と乱戦となった。ところが青山鉄山の方が優勢で、城主の小寺氏は逃れて、姫路城は青山鉄山のものになった。

やがて、鉄山の家臣の弾九郎が、お菊が鉄山の計画を元信に密通していたことを知る。そこで弾九郎はお菊を許す代わりに自分の妾となるよう迫ったが、お菊は愛する衣笠元信のため、頑として承知しない。

怒った弾九郎は、お菊が管理を任されていた、青山鉄山の大切な家宝で、一〇枚一組の皿のうち、一枚を隠して罪をお菊にきせたあげく、お菊を斬り殺して城内の古井戸に投げ込んだのである。

それからというもの、毎夜、城内の古井戸からお菊の幽霊があらわれ。「一まーい、二まーい…」と不気味な声で皿を数える声が響き渡り、九枚目になるとすすり泣きに変わった。さらに鉄山のまわりには異変が続いたので、鉄山の家臣たちは恐れをなして逃げてしまった。

その隙に、衣笠元信が姫路城を取り戻し、小寺氏も再び城主として戻ることができたのである。これもお菊のおかげと、元信は城内の神社のひとつに、お菊大明神を祀った。

お菊が投げ込まれたという古井戸は、いまも姫路城内の二の丸に現存している。

大坂城

豊臣と徳川が造った絢爛豪華な天下の居城

①所在地・大阪府大阪市　②築城年・天正一一年（1583）
③築城主・豊臣秀吉・徳川秀忠　④形式・平城

◆大坂城の始まり

大坂城が建つのは大阪湾に面した上町台地の北端で、ここは東西と北が河川や海に囲まれた天然の要害であった。

大坂城には四つの時代がある。

最初は古代の七世紀の飛鳥・奈良時代のこと。難波宮という都城が造営されていた。古代から、海に面したこの地は交通の便がよく、奈良の都にも近いことから、壮大な宮殿が築かれていたことが発掘によって判明されている。その一帯は、現在は大坂城の南西に難波宮史跡公園となって整備されている。

大坂城の壮大な天守閣

二番目の城は、浄土真宗の第八世蓮如が建てた石山本願寺である。天文元年（一五三二）、石山の地に浄土真宗の本山として建てたのだが、寺とはいえ堀、塀、土塁などを備えた本格的な城砦であった。周囲には広大な寺内町が形成され、これが大坂の町の原型となった。

この上町台地は瀬戸内海に面しているので、関東と九州を結ぶ交通の要衝で、河川や大坂湾を利用した海運が発達して貿易や商工業が盛んになった。ここに目をつけたのは織田信長であった。

石山本願寺は、戦国時代の一大勢力となり、莫大な財力も持って発展していたが、その前に信長が立ちふさがった。信長は天下統一のため京都に上洛すると、本願寺に金銭を要求し、その後は石山本願寺の明け渡しを迫った。しかし第十一世顕如はそれを拒否し、全国から門徒衆と武器を集めて元亀元年（一五七〇）、信長と合戦を開始した。

この攻防戦は一〇年もつづいたが、ついに天正八年（一五八〇）、顕如は石山本願寺を信長に明け渡した。その直後、石山本願寺と周囲の寺内町は火事で炎上し、すべてが灰燼に帰した。そこで信長はこの地に新たに築城を開始した。それが大坂城だが、信長は本能寺の変で落命した。

三番目が豊臣秀吉の大坂城である。織田信長の後継者として躍り出た豊臣秀吉は、天正一一年（一五八三）に築城を開始した。築城から二年後に本丸が完成したので、秀吉は移り住んだ。秀吉は一日平均三万人の作業員をつかって巨大な城の工事を行った。また同時に城のまわりに城下町を造り、一大商業都市で日本の首都を築こうとした。

城造りの名手といわれた秀吉は、それまでの城に見られなかった新しい技術と、黄金を惜しげもなくつかって、堅固で難攻不落、しかも豪華な城を築いた。壮大で絢爛豪華な威容を誇り、「金の城」と呼ばれた。

しかし豊臣と徳川の「大坂冬の陣」「大坂夏の陣」で焼失し、堀も埋め立てられた。そ

金箔がほどこされた天守の壁

の後、徳川秀忠によって再建されたのが四番目の大坂城である。徳川秀忠は豊臣時代の終わりを示すために、大坂城に残る秀吉の痕跡をすべて壊して大改修したという。現在の大坂城の主要な建造物の遺構は、徳川期のものである。なお大坂城の表記は現在は「大阪城」と表記することも多い。

◇壮大な天守閣と石垣

徳川幕府が再建した城は、本丸を二の丸、三の丸が取り囲む巨大な平城である。

天守閣は寛文五年（一六六五）、落雷によって焼失した。現在の天守は昭和六年（一九三一）に秀吉時代の天守を再建したものである。五層八階の壮大なもので、壁は白漆喰仕上げで最上層の壁には金箔がほどこされた絵が描かれ、秀吉時代の豪華さを再現している。屋根は銅瓦葺きで軒先にはここにも金箔瓦が使われている。

堀と城壁の石垣の規模の大きさはよく知られるところ。石材は全国各地から取り寄せられ、とくに瀬戸内海の島々から運ばれた。本丸の東西北の三方は水堀、南は空堀で、堀の幅も巨大である。堀の石垣も水面から二四メートルもの高さを誇る。

本丸の石垣は屛風のように折れ曲がる屛風折で、向かい合わせに突出部をつくった横矢などを設けて、敵の侵入を阻むための防御の工夫や仕掛けが凝った石垣が連なる。

城内の石垣には巨大な石がふんだんに使われていることでも有名。もっとも大きい石は、桜門という門にある蛸石で、表面積は畳三六畳敷きで重さ一三〇トンといわれる。そのそばには、畳三三畳分で重さ一二〇トンの振袖石もある。当時の石垣造りの技術が高いレベルを誇っていたことがわかる。

大坂城の見どころ

壮大な城内には見どころがたくさんあるが、天守閣の近くにある山里曲輪（やまさとくるわ）は、秀吉の側室淀君とその子秀頼、家臣数十名が大坂夏の陣で徳川軍に攻撃され、最後に逃げ込んだ櫓があった場所である。もともとは、秀吉が千利休らと茶会を催す場として造った建物だったという。

大坂夏の陣で淀君と秀頼は、城が落城すると、建物に火を放って自害したと伝えられるので、現在は、公園となったエリアに、淀君と秀頼の自刃の石碑と殉死した家臣たちを追悼する慰霊碑が建てられている。

水堀の上に建つ乾櫓と千貫櫓は、元和六年（一六二〇）に、茶人で作庭家として名高い小堀遠州の総指揮のもとにつくられた櫓で、大坂城で現存する最古の建築物で重要文化財に指定されている。

秀頼は大坂夏の陣で死んでいなかった?!

元和元年（一六一五）、大坂夏の陣で大坂城は落城し、淀君と豊臣秀頼は自害して果てたとされているが、遺骸は発見されなかった。家康は、なぜか淀君と秀頼の遺骸を探さなかったという。そのため、「秀頼はじつは生きている」という説が生まれた。豊臣家は庶民に人気があったし、家臣の大名もまだ大勢残っていた。さらに日本人は、滅びゆく者に同情の念を抱く判官びいきである。

大坂や京都では、秀頼は真田幸村に連れられ、船で大坂から薩摩に逃げのび、種子島蔵人と名乗って、現在の鹿児島市の谷山地方に隠れ住んだという。現在も鹿児島市谷山中央四丁目には豊臣秀頼の墓がある。さらには、島原の乱のリーダーであった天草四郎は秀頼の子供だという説もある。

また、鹿児島の郷土史家によると、秀頼は息子の国松をつれて豊後（現大分県）に逃れ、日出藩の藩主木下氏の庇護を受けて四五歳まで生きていたという。

現在もこの秀頼生存説を信じる人は多い。

◈大坂城から秀頼の頭蓋骨発見か？

昭和五五年（一九八〇）に大坂城の発掘調査がおこなわれたとき、三の丸の西北部から男性の頭蓋骨が発掘された。首には人為的に切断された痕があり、つまり介錯されたと推測された。さらに、墓のように石柱が重ねられ、下は貝殻を敷きつめ、明らかに埋葬されたものとわかる状態であった。周囲には副葬品も埋められており、かなり身分が高い人物であると考えられた。

頭蓋骨を調べた結果、二一〜二五歳の若者で、かなり体格がいいことがわかった。大坂夏の陣で大坂城にいた二一〜二五歳の男性といえば、秀頼くらいしかいない。秀頼が体格がいいことは知られている。さらに、頭蓋骨の男性は左耳に骨腫の痕があった。秀頼が左耳が不自由だったという記録はないが、一五歳のときに天然痘にかかっている。その際に、耳が化膿して骨腫ができる可能性はある。

そこで、この頭蓋骨は秀頼のものとされて、秀頼が再興した京都嵯峨野の清涼寺に埋葬された。

ところが、秀頼生存説を唱える人たちにとっては、この頭蓋骨が秀頼のものとは信じがたいことだ。大坂夏の陣では襲撃されて大混乱の中にあった。自害した秀頼を丁寧に埋葬する余裕などなかったはずである。大坂城は夏の陣で落城した後、徳川家によってことごとく築き直された。夏の陣で埋められた頭蓋骨がそのまま残っているはずがない、という反論が出された。

清涼寺の頭蓋骨は秀頼のものなのか、秀頼は鹿児島で生き延びたのか、真相は謎に包まれたままである。

熊本城

城造りの名手が造った日本一の名城

①所在地・熊本県熊本市　②築城年・慶長一二年（一六〇七）
③築城主・加藤清正　④形式・平山城

◇加藤清正が築城した日本一の名城

熊本城は、現在の熊本市北区植木町の京町台地の突端にある茶臼山丘陵に築かれた平山城である。築城したのは城造りの名手といわれる加藤清正で、当時の最高レベルの技術を駆使して造られており、大坂城、名古屋城（または姫路城）とともに日本三大名城のひとつに数えられている。さらには、地方の一戦国大名がつくった城では、「日本一の名城」とも評価される。

天正一六年（一五八八）、加藤清正は、豊臣秀吉より肥後北半国を与えられて隈本城に入った。隈本城とは、一五三〇年ごろに鹿子木《かのこぎ》氏が、現在の熊本市の茶臼山に築いた城

勇壮な熊本城の全景

で、熊本城の前身である。

清正はもとは豊臣秀吉の家臣であったが、関が原の戦いの活躍による報奨で、徳川家康から肥後一国（現・熊本県）を与えられ、五二万石に加増され、慶長六年（一六〇一）、本格的に茶臼山に新城の建造を開始した。七年の歳月をかけ、慶長一二年（一六〇七）に完成させた。このとき隈本城の名を改めて、熊本城としている。

築城の名手とうたわれていた加藤清正は、とくに石垣積みの技術に優れ、多くの大名が認めていたという。当時は、関が原の戦いが終わった直後で、徳川家康が天下を取ったが、大坂城にはまだ豊臣秀頼と豊臣家に従う家臣団がいて、世の中は不穏な情勢だった。

清正はいつ戦が勃発するやもしれぬと考え、熊本

清正が造った見事な石垣

城に籠城に耐え抜く仕掛けや、戦い抜くための設備や造りをほどこした。敵をあざむき、侵入を阻むさまざまな仕掛けや工夫がなされた城は、戦国期随一といえる。

清正流石垣の素晴らしさ

そして熊本城の特徴の一番は、何といっても石垣の見事さである。高さの違いをうまく利用した石垣が巧みに配置されて敵の侵入を防いでいる。石垣の高いものは、堀から三〇メートルもの高さがあり、見る者を圧倒する。

清正がつくった石垣は、下部は勾配が緩やかだが、上に行くほど勾配が急になり最後は垂直になる。途中まで登って上を見上げると、石垣が覆いかぶさってくるような錯覚にとらわれる。これが清正流石垣の積み方で、「武者返し」あるいは「扇の勾配」といわれる。この石垣の反り方は頑丈な上に、見た目にもきわめて美しい。

また、清正は石垣の土台にも気を配った。茶臼山は阿蘇山の火山灰が積まれてできたもろい地盤のため、巨大な建造物を乗せるなら、土台を堅固にする必要があった。土を深く掘り下げて、柴や萱などを敷き詰め、しっかりと踏み固めてから板や石で固定した。

平成二八年（二〇一六）四月の熊本地震により天守閣や石垣に大きな被害を受けたが、その後、復興も進み、令和元年（二〇一九）中には大天守閣の外観も特別公開される。

◈熊本城の見どころ　天守閣・櫓

天守閣は三層六階、地下一階の大天守と二層四階、地下一階の小天守が接続された連結式である。現在の天守閣は昭和三五年（一九六〇）に復元されたもの。小天守の地下には石蔵が三室あり、井戸、かまど、水屋が設けられ、一階には厠と二室、二階には武具の間が設備され、小天守だけでも籠城できるように造られている。

また、小天守の建物と石垣の境目には、黒板の壁に隠れるように、鋭い鉄串がたくさんはめ込まれている。これは石垣を必死で登ってきた敵を突き刺し、侵入を防ぐ仕掛けで、

天守閣級の規模と機能を持つ宇土櫓

「忍び返し」といわれる。

　現存する一一の櫓の中でも、見事なものが宇土櫓である。三層五階の立派な櫓は天守閣級の規模と機能を持つ。三〇メートルの高さの石垣の上にそびえる櫓は、重要文化財に指定されている。

　この城の見どころのひとつに、敵をあざむくためのさまざまな仕掛けがある。

　本丸の御殿に入るためには地下通路をくぐらなければならない。御殿は二つの石垣をまたぐように造られたので、通路が石垣の地下に造られ「くらがり御門」と呼ばれる。この地下通路を通って本丸に入れたのだ。

　また、小天守へ通じる地下道の途中には、人がしゃがんでやっと通れるほどの抜け穴があり、石垣の外に通じている。さらに籠城できるように、城内には一二〇もの井戸が掘られており、いまも一七の井戸が現存している。

◈「昭君の間」の謎とは

本丸御殿には部屋が五〇以上もあったが、最も格式が高い部屋が奥座敷にある「昭君の間」である。藩主の居間で、部屋のふすまや天井、壁に、中国の漢の時代の絶世の美女・王昭君の物語が金箔で描かれた豪華な部屋である。

加藤清正は関が原の戦いで徳川方について戦い、家臣となったが、もともとは豊臣秀吉の子飼いの家臣であった。秀吉没後は、その遺児秀頼に万一のことがあれば、秀頼を熊本城に迎え入れ、この部屋にかくまう覚悟であったという。

そのため、この部屋の後ろには秘密の隠し部屋があ

抜け穴があったとされる昭君の間

り、壁が回る仕掛けになっていて、床下の通路に、はしごと縄で下りることができ、通路は城外にまで通じて、外に出られるようになっていたという。これは熊本城建設に携わった大工の棟梁善蔵が語ったことを記した古文書にはっきり記されているという。

◈西南戦争でビクともしなかった城

清正が造営した熊本城の威力が天下に知れ渡ったのは、築城から二七〇年もたった明治一〇年（一八七七）のこと。西郷隆盛に率いられた薩摩軍が明治政府に叛旗をひるがえして蜂起した。西南戦争の勃発である。西郷率いる薩摩軍は二万の大軍で猛攻撃をかけ、迎え撃つ政府軍の将兵はわずか四千で熊本城に籠城した。

圧倒的多数の薩摩軍は、熊本城を簡単に落とせるだろうとたかをくっていたが、城はびくともせず、二カ月の籠城に耐えて、西郷隆盛を追いつめることになった。西郷隆盛は、このとき、「自分は政府軍ではなく、加藤清正公と戦をしているようだ」と語ったといわれる。

名古屋城　家康が威信をかけて造営した壮大な城

①所在地・愛知県名古屋市　②築城年・慶長14年（1609）
③築城主・徳川家康　④形式・平城

◈徳川家の防衛拠点

「尾張名古屋は城でもつ」といわれるように、壮麗な大天守閣を構える名古屋城は、名古屋のシンボルである。名古屋城の前身の那古野城は、大永五年（一五二五）、駿河の今川氏が築いた。その後、織田信秀が居城としたが、息子の信長は清洲城に移ったので、無人の廃城になっていた。

やがて、徳川家康は関が原の戦いを終えて天下を取ると、尾張という地の重要性に注目した。家康が関が原の戦いで勝利しても、なお大坂城では豊臣家が隠然とした力を持っていたからである。大坂の豊臣を迎え討つとき、尾張は主戦場になる。そこで、一大防衛拠

壮麗な名古屋城の大天守閣

点となる城の造営を急いだのである。

家康は慶長一四年（一六〇九）、廃城となった那古野城のあった名古屋台地に江戸城に匹敵する規模の城を新しく築くことにした。家康が城の普請を命じたのは、秀吉ゆかりの大名、加藤清正、福島正則、池田輝政ら二〇家の大名で、豊臣恩顧の大名の財力を削ぐためであった。実際に彼ら大名は、莫大な費用を名古屋城の普請につぎ込んで、破産寸前になりながらも家康の命に従って築城した。

名古屋城は慶長一七年（一六一二）には天守や櫓が完成し、元和元年（一六一五）には家康の九男の徳川義直が本丸に入った。

名古屋城の見どころは天守閣

江戸城に次いで壮大で堅固な名古屋城の見どころはやはり、屋根の上に燦然と輝く金の鯱をのせた天守閣だ。大天守と小天守の連結式で、大天守は外観五層で石垣も含めて総高五五メートルの堂々たるもの。江戸城、大坂城につぐ高さを誇る。小天守は二層二階の建物で、橋台で大天守とつながっている。

その橋台の塀は「剣塀」といい、五〇センチほどの長さの剣の先がびっしりと塀の屋根に埋め込まれ、よじ登ろうとする侵入者を突き刺す役目をする。

創建時の天守閣は昭和二〇年（一九四五）の太平洋戦争時、米軍の空襲によって焼失した。現在の天守閣は昭和三四年に再建されたものである。

有名なのが、大天守閣の上に輝く金の鯱《しゃちほこ》である。鯱は中国の伝説上の海獣で、火を見ると水を噴き出すので防火の守り神とされて、門や櫓の屋根の上にも付けられた。天守の上につけられるのは安土城以来という。

名古屋城の鯱は雌雄一対で高さ約二・五メートルほど。鯱を金で飾ったものは、ほかにもあるが、名古屋城の鯱は、けた違いの贅沢な造りであった。多くは木製の鯱に金箔を貼り付けただけのものだったが、名古屋城の鯱は、黄金の延べ板を芯に張り込んだもので、雌雄一対の鯱に慶長小判で約一万八千両の金を使用している。重さ約二二〇キロとされ、現代の貨幣価値で考えると、数百億円に相当するというから驚く。

家康は、わが子義直のためには、これだけの金を使っても惜しくなかったのだ。本来なら金蔵にしまいこむ金を、惜しみなく屋根にのせて雨ざらしにした家康の豪快さは庶民も歓んだようで、東海道を旅する旅人は名古屋城の鯱を目にするのを楽しんだという。

金の鯱をめぐる盗難事件

しかし、この贅沢な黄金が目に見えるところに置かれているとなると、それを盗もうと考える者も、当然ながら出てくるものだ。

江戸時代の正徳二年（一七一二）に、尾張の金助という盗人が金の鯱から金を剥ぎ取ろうと考えた。大凧に乗って天守閣の屋根に飛びつき、鯱のうろこを三枚剥ぎ取り、地上に戻ったが、やがて捕まって獄門になったという。この金助という盗人は実在の人物といわれているが、彼が大凧に乗って金の鯱から金を盗んだというのは、講談や歌舞伎の演目で

有名な金の鯱

東南隅櫓

作り話である。

明治になると名古屋城は廃城になり、天守閣も取り壊しが決まったが、さすがに破壊するのはもったいないと思ったのか、金鯱は宮内省に献上され、明治五年にはウィーンの万国博覧会に出展された。その際、金鯱を降ろそうとした警備の兵士が、うろこ三枚を盗んで、逮捕、処刑されたという。

昭和一二年（一九三七）には、ある男が昼間のうちに天守に忍び込んで隠れ、夜になってから屋根に登って金のうろこを五八枚も剥ぎ取ったという事件が起きた。金のうろこ五八枚というと、相当な重さになるが、犯人は翌日、参観者にまぎれてまんまと城を脱出。それを大阪の古物商に持ち込んで、豪遊していたところを逮捕されたという。

その後は、盗難どころではない。昭和二〇年の五月、米軍の空襲で金の鯱は天守閣もろとも焼け落ちて残骸と化してしまったのだ。

ようやく昭和三四年に、雌雄合わせて八八キロの金を用いて大阪造幣局が復元し、また屋根の上で輝くことになった。

安土城 織田信長が築いた奇想天外な城

①所在地・滋賀県近江八幡市 ②築城年・天正四年（1576）
③築城主・織田信長 ④形式・平山城

◈初めて天守閣を造った城

安土城は、日本で初めて天守閣を構え、初めて金の鯱を天守の上にのせた城で、総石垣造りの城郭も安土城が初めてで、近世城郭造りの手本となった城である。

天下取りを目前にした織田信長は、天下の覇者にふさわしい居城を築こうと、天正四年（一五七六）に琵琶湖の東岸に位置する安土山に築城を開始した。新しい居城は権力の象徴として建てるのだから、壮大で豪華でなければならない。しかも城のまわりは商業地として発展した城下町にする。信長は、軍事目的だけでなく、安土城を政治経済の中心拠点として捉えていた。

安土城はこのような姿だったのか？

安土山は琵琶湖に突き出した丘陵で、水運に恵まれ、陸路は、北陸道や東山道、東海道に通じる要衝の地。京都にも近く、人や物が集まって商業の発達に最適であった。

信長は家臣や近畿周辺の人々を総動員して造営を急ピッチで進めた。山から巨石を切り出すために、昼も夜も石引きがおこなわれた。とくに蛇石という巨石は約一一二トンもあり、大きさは約一〇メートルもあった。この石を標高二〇〇メートルの安土山の山上に運び上げるのに、数千人が三日三晩かけたという。だが、途中で綱が切れて滑り落ちる蛇石に一五〇人が押し潰されたという。信長はそれでもひるまず蛇石を山上に運びあげたという。

こうして天正七年（一五七九）五月、天守が完成し、すべてが完了したのは天正九年（一五八一）頃といわれている。

しかし信長が心血を注いで造営したわずか一年後に、本能寺の変が起こり、信長は落命。その後、安土城は原因不明の火災で天守、本丸を焼失。その後、廃城となった。現在は、石垣、堀などが残るのみである。

◈安土城の特徴①天守

安土城について書かれた当時の記録によると、安土城は安土山全体を使った平山城で、豪壮華麗な宮殿であったという。天守は五層七階で高さは約四六メートル。ふもとから約二〇〇メートルの安土山の頂上にそびえ建つさまは、圧倒的な迫力であった。

スペインの宣教師ルイス・フロイスの著書によると、その壮麗なことはヨーロッパ最大の建物に匹敵し、城内のすべての建物には黄金の装飾が施されていたという。天守の最上階は内も外も金箔で装飾され、その下の層は絢爛豪華な壁画によって飾られていたという。

安土城の天守が他の城の天守と明らかに違う点は、信長が居住したことである。天守はふつう住む場所ではないのだが、安土城の天守には居室があった。二階は書院など二〇室あり、各部屋は狩野永徳の華麗な襖絵で飾られていた。

三階は信長の居室など八室があり、一二畳敷きの謁見の間もしつらえられていた。四階にも一〇室あり、柱は黒漆塗りで、豪華な襖絵によって「竹の間」「松の間」などと呼ばれていた。五階にも二間あり、六階は八角形の造りで朱塗りの高欄をめぐらせてあった。内柱は金箔で壁には仏教画が描かれていた。七階は壁面はすべて金箔押しで、天井には天女の絵が描かれていた。このように、安土城の天守は城主が住む宮殿であった。

それまでの軍事目的の築城方法を大きく変える画期的な城だったのだ。

◈安土城の特徴②総石垣造り

石垣を多用して縄張りを造る近世城郭造りは安土城から始まったといわれる。安土城の石垣は、大小さまざまな大きさの自然石を巧みに積み上げている。ひじょうに高度な技術で、前にもふれたが、当時は、石垣造りのプロ集団がいて、安土城はとくに穴太衆という集団によって造られていた。

現在、城の大部分は残っていないが、安土城の正面入り口の大手門口には石段や石垣がたくさん残り、城内のあちこちにも石積みや石垣跡が多く残る。これらには野面積み、あるいは穴太積みといわれる積み方がされているのがわかる。

ヨーロッパにもこれほどの壮麗な城はないといわれた安土城だが、造営からわずか六年で灰燼に帰してしまった。これほど早くなくなった城も珍しい。

絢爛豪華な安土城の復元は無理なのだろうか。史料が乏しく、いろいろな説があるので、いまだに復元されてないのが、残念である。

竹田城　年間の来場者数五〇万人突破！「日本のマチュピチュ」

①所在地・兵庫県朝来市　②築城年・不明　③築城主・山名宗全　④形式・山城

◈今いちばんホットなお城

竹田城は兵庫県朝来市和田山町竹田にあった山城で、現在は石垣を残した山城遺跡となっている。標高三五三・七メートルの古城山（虎臥山）の山頂に築かれ、別名、虎臥城（とらふすじょう、こがじょう＝虎が臥せているように見えることから）。最近では、「天空の城」「日本のマチュピチュ」ともいわれる。

そんな竹田城だが、二〇一三年には来場者数が五〇万人を突破、空前の「竹田城ブーム」がおこった。

まず、二〇〇六年に「日本一〇〇名城」に選ばれた。この頃はたいした来場者数ではなかったが、そのうちマスコミが「天空の城」「日本のマチュピチュ」と紹介しはじめた。

雲海に浮かぶ天空の城

その後、高倉健主演の映画『あなたへ』や『大河ドラマ 黒田官兵衛』の撮影に使用されたり、「グーグルのCM」のロケ地になったりで、来場者数は急上昇。二〇〇四年には一万人だった来場者が、二〇一〇年には一〇万人に、二〇一三年には五〇万人を突破した。

この竹田城、なぜそんなにまで、有名になったのかというと、「天空の城」「日本のマチュピチュ」という通り、雲海のなかに、城がぽっかりと浮かぶ、絶景が見られるのだ。秋から冬にかけてのよく晴れた早朝に朝霧が発生しやすいそうで、もともと、写真家の間ではよく知られていた絶景ポイントだった。

また、最近では、平成二四年に竹田城跡が「恋人の聖地」として認定を受けたことから、それにあやかろうと、若いカップルたちも多く訪れているそう

「日本のマチュピチュ」ともいわれる竹田城址

である。

◈竹田城の謎

上の写真を見て欲しい。虎臥城という名にふさわしく、虎が臥せていいように見えるのだが、山頂のほとんどを切り開いた上に、造営されていて、かなりの規模のお城であることが見てとれると思う。南北約四〇〇メートル、東西約一〇〇メートル。

現存する山城として日本有数の規模だというから、さぞ、大物の武将が住んでいたに違いない。そこで、歴史文献をひもとくと、一四三一年に、山名宗全が築城に着手。山名家家臣である、太田垣光景が初代城主となって以来一〇〇年、太田垣氏がこの地をおさめる。一五六九年に豊臣秀吉の但馬進攻を受ける。

一五八五年に秀吉配下の赤松広秀が、竹田城主となった後、一五九〇年代に赤松広秀の手によって、現在に残る広大な規模の石垣を整備。一六〇〇年関ヶ原の戦いに西軍が敗れ、東軍に寝返ったものの家康より切腹を申しつけられた赤松広秀は自刃。竹田城は廃城になる。

そこまで、見ていくと、この規模のお城をつくったのは、「赤松広秀」氏のようだが、はたして、一介のサラリーマン武将であろう、「赤松広秀」氏にそこまでの財力があったのであろうか？　また天守台が残っていることから、さらにお金がかかる、立派な天主閣もあったのであろう。

そこで、当時の氏の石高を調べてみると、「約二万二千石」とあり、どちらかというと下から数えた方がいいくらいの貧乏大名なのである。

なぜ、これほどの石高で、あれだけ立派な城が築けたのか？

その答えは、近くにある「生野銀山」にあると言われる。そう、生野銀山を死守するためにも、秀吉がだいぶ援助をしたのではないか？　と言われているのだ。寝返った広秀を、なぜ家康は自刃に追い込んだのか？

「城下の焼き討ちが、戦の後、問題にあがり、その責任をとらされた」など、諸説あるようだが、「銀山をトラブルなく、そっくりいただくためではないか？」と考えると、すんなり納得がいくような気がする。

3章

天守閣が現存する名城

◈江戸時代か、それ以前に造られた天守閣が現存する城

天守閣は城のもっとも主要な部分で、城主の権威と力を世に示すものだ。そのためもっとも高くそびえ、優雅で壮麗に造られた。石垣で天守台を造り、その上に三層、または五層の櫓を建てた。

天守閣が初めて出現したのは天正四年（一五七六）、織田信長によって築城された安土城である。安土城にならって、豊臣秀吉も大坂城に壮大な天守閣を造営した。それからは、諸国の大名たちも競って大きな天守閣を造るようになった。

全国各地の名城には、素晴らしい天守閣が建てられた。しかし天守閣はまた、生き残るのが難しかった。城主の権力の象徴だから、城の攻防戦になると、まっさきに砲弾に狙われた。天守閣が占領されたり、焼き落とされれば、落城を意味したからだ。また、高い建物なので、落雷で焼失もした。太平洋戦争の戦災により焼失したものもある。

さらには、明治維新の廃城令によって、多くの城が廃城となった。

そのため、天守閣が創建時の江戸期、あるいはそれ以前から現存している城は、全国に一二城のみである。現在、天守閣が建てられている城は約四〇とも六〇ともいわれている

が、これらの天守閣は昭和以降に復元、復興されたものである。

明治維新での破壊や昭和の戦災をまぬかれて、現在も築城当時の華麗な姿を見せてくれる城は、日本が誇る優れた名城といえる。その一二の天守が現存する城とは、

1　弘前城　青森県青森市
2　松本城　長野県松本市
3　丸岡城　福井県坂井市
4　犬山城　愛知県犬山市
5　彦根城　滋賀県彦根市
6　姫路城　兵庫県姫路市
7　松江城　島根県松江市
8　備中松山城　岡山県高梁市
9　丸亀城　香川県丸亀市
10　伊予松山城　愛媛県松山市
11　宇和島城　愛媛県宇和島市
12　高知城　高知県高知市

弘前城 四〇〇年の歴史を誇る東北地方の名城

①所在地・青森県弘前市　②築城年・慶長一六年（一六一一）
③築城主・津軽為信、信枚　④形式・平山城

◇外国船の往来を監視した天守閣

戦国時代末期、南部氏の家臣であった津軽為信は、陸奥を治めていた南部氏から独立して津軽地方に弘前藩を興した。為信は南部氏に対抗するため、慶長八年、津軽平野に巨大な城の築城を開始した。当時、四万七千石の弘前藩の城としては、異例の大きさで、その規模は三〇万石の藩の城に相当するといわれる。

しかし為信は城の完成を見ずに世を去ったので、二代目の信枚が引き継ぎ、わずか一年一カ月で完成させた。

本丸、二の丸、三の丸などの七つの曲輪、一二の城門、五層の天守閣をはじめ、八つの

桜が満開の弘前城

櫓を備えた壮大な城であった。

当初は五層の天守閣があったが、寛永四年（一六二七）に落雷によって焼失し、その後、文化七年（一八一〇）に本丸にあった御三階といわれる櫓を改築して天守閣とした。これが東北地方の城では唯一、また最も北の位置に現存する天守閣である。

雪国のため、大雪にも耐える銅瓦葺きを屋根に用いており、三階三層で天守閣としては低いが、出窓や狭間窓を設けるなどして、華美で大きく見せる視覚効果がとられている。

江戸末期の当時は武家諸法度によって天守閣の新築は禁じられていたが、このころ、さかんにロシア船が津軽海峡にやって来ていたため、江戸幕府は外国船監視の目的で天守再建を許可したという。

そのほか、辰巳櫓、未申櫓、丑寅櫓の三つの櫓と

弘前城の辰巳櫓

五つの門が築城当時の姿のまま現存している。櫓はどれも三階三層の立派なもので、国の重要文化財に指定されている。

城の正面玄関は追手門といい、積雪に耐えるように、通常の城門より一層高く造られている。

東北地方の藩のほとんどは、明治維新の戊辰戦争の際に、徳川幕府軍について、明治新政府と戦ったため、新政府が発足したときに、城が取り壊されてしまった。しかし、弘前藩は新政府側についたため、城は取り壊しをまぬかれることができた。

そのおかげで、天守閣はじめ、櫓、城門などの貴重な建物を今に残すことができたのである。

現在は、東北屈指の桜の名所として知られ、開花シーズンには全国から観光客が訪れる。

松本城　黒漆塗りの堂々とした天守閣

①所在地・長野県松本市　②築城年・文禄二年（一五九三）
③築城主・石川数正、康長　④形式・平城

◈北アルプスに抱かれた名城はなぜ黒く塗られた？

松本城は信濃の松本平に築かれた平城である。はるかアルプスの山々を背に、黒塗りの天守閣がそびえる姿は、白壁の姫路城と対照的だが、美しさは勝るとも劣らない。見事な黒板張りの外観から「烏城」とも呼ばれる。

松本城の前身は信濃の守護であった小笠原貞朝が永正元年（一五〇四）に築いた深志城である。以来五〇年にわたって小笠原氏が城を守ってきたが、天文一九年（一五五〇）、武田信玄に追われた。その後、武田氏が滅ぶと、小笠原貞慶が再び城を回復し松本城と改称した。

姫路城と対照的な美しさの黒塗りの松本城

本丸の正門である黒門

天正一八年（一五九〇）に小笠原氏が移されて代わりに石川数正が松本城に入城した。数正とその子の康長は、松本城の大改築を行い、現存する天守閣、堀、本丸、櫓などは石川康長によって造られたといわれる。そこで、小笠原貞朝が築城主とされる場合もあるが、本書では石川数正、康長親子を築城主とした。

その後、徳川幕府時代に松本城の城主はめまぐるしく交代して、戸田氏で明治を迎えた。石川康長が築いたといわれる天守閣は大天守と乾小天守が渡櫓で連結され、さらに大天守には月見櫓、辰巳附櫓がつながる連結複合式という珍しい形状である。黒漆塗りなのは、石川家が豊臣秀吉の信頼厚い武将。秀吉の大坂城が黒塗りで統一されていたので、忠誠心を示すために、松本城も黒塗りにしたという。

大天守は五層六階で高さ約二九メートルの壮大なもので、国宝に指定されている。文禄三年（一五九四）には完成していたといわれ、安土城の天守閣を除くと、現存する天守閣ではかなり古く最古クラス。大天守と乾小天守は関が原の戦い以前に造営された。そのため、世の中が不穏な時代であったので、矢狭間と鉄砲狭間を規則的に配し、大天守の一層には石落としを備えるなど、軍事目的に造営されている。

いっぽう、連結する辰巳附櫓と月見櫓は、江戸時代の平和な時期に建てられたので、遊

二の丸の正門である太鼓門

興宴席のための望楼の造りになっている。

　月見櫓の前には見事な牡丹園が広がる。牡丹の一種小笠原牡丹は、小笠原長時が育てていた株を家臣が保護して今に伝えたもの。

　本丸の正門である黒門と二の丸の正門である太鼓門も見事な造りである。現在は、長野県を代表とする観光名所として人気が高い。

丸岡城　雪国特有の工夫がされた古い城

①所在地・福井県坂井市　②築城年・天正四年（一五七六）
③築城主・柴田勝豊　④形式。平山城

◈霞ヶ城と呼ばれる由来は？

丸岡城は、越前平野の北部に位置する。北陸地方で唯一の現存天守閣がある貴重な城である。現存天守閣では犬山城と並び、最古とする説もある。

天正三年（一五七五）に、織田信長は越前の一向一揆を制圧して、越前を支配した。その後、越前の支配を柴田勝家に命じた。

勝家は北の庄（福井市）に居を構え、一向宗徒の根拠地であった豊原三千坊を甥の勝豊に守らせた。そこで、柴田勝豊が、天正四年（一五七六）に西方の低い丘陵・椀子岡（まるこのおか）に築いたのが丸岡城である。別名「霞ヶ城」ともいう。

二層三階の丸岡城天守閣

天守閣の内部

天守閣は二層三階の独立式望楼型で、屋根は笏谷石という石製の瓦を用いている。これは、この地が豪雪地帯で通常の瓦では割れてしまうため、代りに用いられた丈夫な石で、雪国特有の工夫がなされている。

最古クラスの天守閣なので、その後の時代に造られるようになった絢爛豪華な天守閣と違って、一見すると無骨で素朴な造りになっているが、そこが味わい深いと人気が高い。

この城には面白い言い伝えが残る。城内には「霞ヶ城」の名の由来となった古井戸があるのだ。井戸の脇に立っている説明板によると、かつてこの城を築城した柴田勝豊が、一向一揆の残党に攻撃をかけられて苦戦していたところ、城内の井戸から大蛇が現れて城に霞をかけ、敵の目をさえぎって城を救ってくれたという。

そこから丸岡城は「霞ヶ城」と呼ばれるようになったという。実際に、春になると、霞がかかって城をすっぽり隠してしまうほどの日があるという。

さらにこの城には、もうひとつ、井戸に棲む蛇の言い伝えがある。

柴田勝豊が築城を開始した際、いくら石垣を積んでも崩れ、積んでも崩れて、いっこうに普請が進まない。困り果てた普請奉行は、神さまに人柱を立てて普請の無事を祈ることにした。すると、そこに人柱に志願してきた美しい妻女が現れた。お静といって二人の男子を持ち、夫に先立たれ、目が不自由なため暮らしに困り果て、二人の息子を武士に取り立ててくれることを条件に人柱に志願したのだ。

お静は城の石垣の底に生きたまま埋められた。そのおかげでその後の城の普請は順調に進められ、天守閣も造られた。だが、奉行は約束を守らず、お静の二人の男子を武士に取り立てなかったのである。

これを恨んだお静は蛇となって城の井戸に棲みついた。そのため、城の井戸の水はにごって飲めなくなってしまった。さらに、この地方では、お静が埋められた四月になると、決まって長雨が続くのだ。これを土地の人は「お静の涙雨」と呼んで、彼女を哀れんだという。

城内には、いまもお静の蛇が出た井戸があり、「蛇の井」と呼ばれている。また、お静の慰霊の石碑が城内に建てられているのは、この人柱伝説がまんざら作り話ではなく、事実だったかもしれないと思わせる。

犬山城　日本で唯一の個人所有だった城

①所在地・愛知県犬山市　②築城年・天文六年（一五三七）　③築城主・織田信康
④形式・平山城

◈最古といわれる国宝の天守閣

犬山城は現在の愛知県の北西部、木曽川が濃尾平野に注ぐ場所で、川沿いの高さ四〇メートルの断崖の上に造営された。天守閣が国宝に指定された城は五城しかないが姫路城、松本城、彦根城、松江城とともに犬山城も昭和二七年（一九五二）に国宝指定されている。

天文六年（一五三七）、織田信長の叔父の信康が築城した。このときに天守閣も創建されたといわれ、現存する唯一の室町時代の天守閣、最古の天守閣といわれてきたが、昭和三〇年の解体修理による調査では否定され、最古の天守閣をめぐっては、諸説あってはっきりしない。

木曽川べりに建つ犬山城

犬山城の天守閣もいつ完成をみたのかは明らかではなく、天文六年（一五三七）の時点では、天守閣は二階まで造られていたという説もある。また、もともとあった櫓の上に望楼を乗せたとされ、元和三年（一六一七）に城主となった成瀬正成が改築したといわれる。

天守閣は三層六階で南東の隅に付櫓が連結している複合型である。高さは約二四メートルあり、木曽川の断崖上にそびえる天守閣を遠方から眺める姿は気品にあふれ、人気が高い。この木曽川の断崖上にあるたたずまいが、唐の長江流域にあった白帝城に似ていることから、「白帝城」の別名がある。

天守閣の望楼部は高欄と廻縁が取り巻いており、優雅さを演出している。

犬山城の天守閣

天守閣の近くには築城以前から存在する樹齢五〇〇年以上になる大杉がある。天守閣と同じ高さなので、天守閣への落雷を何度も防いだといわれ、ご神木として崇拝されている。

成瀬正成以降、明治まで成瀬氏が城主であったが、廃藩置県で愛知県の所有となり、まことに残念なことに、天守閣を除いて櫓、城門などがほとんど取り壊されてしまった。

さらに明治二四年（一八九一）の濃尾地震で付櫓が壊れたので、県は城の修復を条件に、旧犬山藩主成瀬正肥に無料で譲り渡した。それ以来、全国で唯一の個人所有の城であったが、平成一六（二〇〇四）、財団法人犬山城白帝文庫（現在は公益財団法人）の所有となった。

彦根城

徳川家康が豊臣包囲のため天下普請で造った城

①所在地・滋賀県彦根市　②築城年・慶長八年（一六〇三）　③築城主・井伊直継
④形式・平山城

◇華麗な国宝の天守閣

彦根城は、滋賀県の琵琶湖に面した標高約一三〇メートルほどの彦根山の山上に築かれた平山城である。西は琵琶湖、東は佐和山がある天然の要害であり、京都と北陸を結ぶ交通の要衝で、琵琶湖の水運を利用した水上交通が可能な土地であった。

築城したのは井伊直正の嫡子・直継である。関が原の戦いの後、井伊直正は石田三成の領地を与えられ、三成の佐和山城に入城した。しかし、三成の居城であったことを嫌い、新たに城を築こうとしたが、慶長七年（一六〇二）に没したので、嫡男の直継が、徳川家康の助けを借りて築城を開始した。

三層四階の壮麗な天守閣

　家康は、彦根城を名古屋城、和歌山城、姫路城などとともに豊臣秀頼がいる大坂城を包囲する拠点の一つにしようとした。そのため城の普請は家康に命じられた尾張藩、越前藩など一二の大名が行った「天下普請」であった。

　天守閣は国宝の五城のうちの一つで、大津城の天守閣を解体してその部材で造営された。櫓の上に望楼をのせた望楼型天守で三層四階の壮麗な天守閣である。最上層には華頭窓（窓枠の上を火炎または花形にデザインした華やかな窓）を備え、高欄と廻縁をめぐらせ、じつに優雅で美しい外観である。

　山上の天守閣と、ふもとの下屋敷を結ぶ石垣は、山腹の防備を固めるため「登り石垣」という特殊な石垣を積み上げている。

美しい外観を持つ天秤櫓

有名なのが天秤櫓で、天秤のような形なので、この名がついている。その美しい外観から、いまでは、時代劇の撮影によく使われている。佐和口多聞櫓は、長屋のように長く伸びた櫓が特徴で、重要文化財に指定されている。

多くの城は江戸時代に城主がめまぐるしく変わっているが、彦根城は井伊家の城として明治維新を迎えた。

松江城　山陰地方で現存する唯一の天守閣

①所在地・島根県松江市　②築城年・慶長一六年（一六一一）　③築城主・堀尾吉晴
④形式・平山城

◈築城した堀尾家は三代で断絶

松江城は、島根県の宍道湖近くの亀田山の上に築かれた平山城である。南に流れる大橋川が天然の堀となり、東西は沼地が多く敵が攻めにくいうえ、宍道湖の水運を利用できる格好の地の利であった。

山陰地方では唯一、現存する天守閣を持つ貴重な城で、国の重要文化財に指定されている。築城したのは、織田信長、豊臣秀吉、徳川家康の三代に仕えた堀尾吉晴である。吉晴は秀吉没後は家康に従って関が原の戦いで功績を上げ、家康から出雲二四万石を与えられた。出雲に入った吉晴は新たに城を築くことにしたが、場所選びで嫡男の忠氏と対立した。

山陰地方で唯一現存する松江城の天守閣

吉晴は毛利元就が城を築いた洗合山を適地として選んだが、忠氏は、現在の松江城が建つ亀田山を選んだ。二人の意見が合わず、築城が進まないうちに、忠氏は急な病で二七歳の若さで没してしまう。そこで、吉晴は息子の遺志を継いで亀田山に城を築くことにし、慶長一二年（一六〇七）から築城を開始し、足かけ五年の歳月をかけて完成させた。

しかし、吉晴も完成の数カ月前に没したので、当時一三歳だった孫の忠晴が引き継ぎ完成させた。

城は亀田山山頂を本丸にして階段状に二の丸を配置し、宍道湖の水を引いて水堀を造った。天守閣は五層六階の望楼型天守で、五層の最上階からは松江一帯を三六〇度見渡すことができる。鉄砲狭間や石落としが数多く設けられているのは、防戦目的の天守であることを示す。だが、入母屋破風という千鳥が羽を広げたような屋根、華頭窓という装飾用の華やかな窓がしつらえられていて、見た目にも美しい。

立派な城もできたが、忠晴には嫡子がなく、堀尾家は吉晴からわずか三代で断絶し、かわって若狭小浜城主の京極忠高が入城した。ところが京極忠高も世継ぎがなく一代で断絶。続いて信州松本城主だった松平直政が入城した。松平直政は家康の孫で、以後、明治維新まで松平氏の治世が続いた。

明治になると、松江城は民間に払い下げられ、建物は次々と取り壊され、天守閣も一八〇円で落札された。当時の価格では古鉄並みの値段だったという。しかし、松江城が破壊されることを惜しんだ元藩士や豪農らが保護運動に立ち上がり、天守を買い戻して解体を食い止めたという。

そのため、石垣、堀、天守閣は当時のまま現存しているが、櫓や門は、復元されたものである。その天守閣は平成二七年（二〇一五）七月に、国宝に指定された。天守閣が国宝に指定されたのは実に六三年ぶりのことである。

松江城が築かれたときの逸話として、堀尾吉晴の妻・大方殿の功績が伝えられている。天守閣には大方殿が築城のとき、鉢巻をしめ、なぎなたを持って現場で侍女たちを指揮している絵が掲げられている。

大方殿はとても賢い女性で、城主の吉晴を懸命に陰で支えた。築城の現場では、供を連れて毎日見回り、作業する男衆を取り仕切ったという。

また、石垣の巨大な石を城内に運び入れる際は、侍女たちに大きな握り飯をつくらせ、石を運んできた者に一度につき一つずつ握り飯を与えたという。そこで、労働者たちは握り飯がもらえるからと、喜んで石を運んでくるようになり、石垣づくりが速やかに進んだといわれている。

備中松山城　巨大な石垣と雲海に浮かぶ天守閣が絶景

①所在地・岡山県高梁市　②築城年・天和年間（一六八一～一六八四）
③築城主・水谷勝宗　④形式・山城

◈難攻不落の天空の城

備中松山城は、岡山県南西部の高梁市にそびえる標高四三〇メートルの臥牛山の山上に建つ山城である。山城としては唯一、天守閣が現存し、一二の現存天守のなかでも最も小さい規模だが、日本一の高さにある。

臥牛山は大松山、天神の丸、小松山、前山の四つの峰からなり、大松山に鎌倉時代の地頭・秋葉重信が延応二年（一二四〇）に砦を築いたのが、備中松山城の始まりといわれる。

この地は山陰と山陽を結び、また関東と関西を結ぶ交通の要衝地であったため、戦国期には激しい争奪戦が繰り広げられ、めまぐるしく城主が交代した。その戦国期を通して松

山上に建つ城の威容

山城はいつしか臥牛山全域に曲輪を広げ、巨大な山城へと変化していった。

　寛永一九年（一六四二）に水谷勝隆が入城し、その子勝宗が天和年間に城の大改築を行い、全国でも珍しい近世城郭の山城を完成させた。現在の城はこのときのものである。

　本丸は小松山の山頂に築かれ、天守閣は二層二階で、半地下の付櫓が連結する複合式望楼型天守である。山城では日本一高いところに天守があるので、雲海をはるか下にして山上にそびえ建つ天守閣の姿は、じつに幻想的で美しい。

　山のふもとには御根小屋と呼ばれる藩主の居館が置かれ、藩の政務はここで行われた。山のふもとから山上の本丸までは、当時もいまも徒歩で登るしかない。八合目のふいご峠から山上まではおよそ三〇

日本一高いところにある備中松山城

分ほどである。

この城の見どころは、雲海に浮かぶ天守閣のほか、もう一つの絶景が、ふもとから山上に続く巨大な石垣群である。登城坂に、高さ一〇メートル以上の切り立った石垣が続くさまは圧巻で、他の城には見られない。この城は難攻不落の武装山城であった。

しかし、近年では、巨岩の割れ目がしだいに大きくなっており、石垣が崩落する危険性が出てきた。このため、平成一一年より、高梁市では、京都大学防災研究所と共同で岩盤斜面監視システムを設置して観測を続けている。このシステムは、ペルーの世界遺産であるマチュピチュ遺跡で使われているものと同じだという。

丸亀城

石垣の高さは日本一で、天守閣のサイズは日本最小の城

①所在地・香川県丸亀市　②築城年・慶長二年（一五九七）
③築城主・生駒親正　④形式・平山城

◈生駒氏から山崎氏、京極氏と受け継いだ讃岐の宝

天正一五年（一五八七）、豊臣秀吉から讃岐一国を任された生駒親正（いこまちかまさ）が造った城が丸亀城である。標高六六メートルの亀山に堀をめぐらせて築いた平山城で、山麓から山頂まで三層にそびえる高い石垣が特徴だ。その石垣は下の方は緩やかで上部にいくと垂直になる、いわゆる〝扇の勾配〟と呼ばれるもので、高さは合計六〇メートルあまり。日本一の高さを誇っている。

一方、天守閣の高さは一六メートルしかなく、現存するものとしては日本一小さい。しかし、石垣の下から見上げると、その様は圧巻である。

日本一高いミニ天守閣

天守閣の最上階からは、瀬戸内の風景を見渡すことができる。また、らせん状の城でもあり、大手門から本丸へ行くには、城の周りを二週しなければたどり着けない造りになっていた。とはいえ、藩士たちのための近道もあったようだが。

この丸亀城、元和元年（一六一五）に「一国一城令」によって廃城の危機にさらされた。しかし、第三代城主・生駒正俊は城を樹木で覆い隠し、立ち入りを厳しく制限。城を破却から守ったのである。ところが、生駒氏は第四代城主・高俊のときにお家騒動が起こり、出羽（現在の秋田）へ追われてしまう。

その後、城主になったのは讃岐丸亀藩初代藩主の山崎家治（やまざきいえはる）だ。家治は城の大改修に着手し、続いて城主になった京極氏がそれを完成させた。現存するのは、そのころのものである。

いま、城跡全体は亀山公園となっている。現存するのは天守閣のほかに大手一の門、大手二の門、御殿表門、番所、長屋などだが、天守閣と大手一の門、大手二の門は国の重要文化財に指定されている。

内部も一部公開されていて、刻（とき）を知らせていた太鼓や、城を防御する石落としの仕掛けなどを見ることができる。

また、平成一八年（二〇〇六）には、「日本一〇〇名城」にも選ばれている。

平成三〇年（二〇一八）の豪雨と台風被害によって、その誇るべき石垣が大きく崩壊してしまったが、現在、その修復に向けて大規模なプロジェクトが進行している。

伊予松山城
現存天守で唯一、葵の御紋をつけた天守閣

①所在地・愛媛県松山市　②築城年・慶長七年（一六〇二）
③築城主・加藤嘉明　④形式・平山城

◈万里の長城と同じ構造の「登り石垣」

日本最古の完全な城郭建築の姿を今に残す松山城は、攻守の機能に優れた連立式天守（大天守と小天守）を構え、大天守を含め、門や櫓など二一もの重要文化財を有している。別名、金亀城。

大天守の紋章は、現存する天守の中で唯一、徳川家ゆかりの「丸に三つ葉葵」（通称・葵の御紋）となっている。伊代藩初代藩主の加藤嘉明は広大な平山城の完成直前に会津へ転封され、次に藩主となった蒲生忠知は跡継ぎがなく、在藩七年で断絶。その後、寛永一二年（一六三五）に松平定行が藩主となり、明治維新まで二三五年間、松山は四国の親藩

登り石垣が見どころの松山城

としての役目を担った。現在の天守は、寛永一九年（一六四二）に五層から三層に改修され、天明四年（一七八四）の落雷で焼失したため、安政元年（一八五四）に再建された。つまり、黒船来航の翌年に完成したことになる。
　大天守は三重三階地下一階の層塔型天守。二重櫓、小天守東櫓とも呼ばれる小天守は、大手（正面）の二の丸・三の丸方面を監視する重要な位置にあり、大天守、小天守、隅櫓を渡櫓で互いに結んだ連立式構造となっている。
　本丸広場へ向かう戸無門も、江戸時代に建造された重要文化財だ。築城当時から門扉がないのは、敵を防備の要である筒井門に誘い込むためのしかけで、筒井門の奥の石垣の陰には隠門があり、門を破ろうとする敵に背後から襲いかかる。また、最古の櫓のひとつで本丸の西にある乾櫓は、弾丸が貫けないように、壁の中に小石や瓦を詰めて厚くする太鼓型構造。

「登り石垣」という貴重な石垣も、松山城の見どころの一つ。「登り石垣」とは、ふもとの館と山頂の天守を山の斜面を登る二本の石垣で連結させた防御術で、「万里の長城」と同じ構造だ。朝鮮出兵で倭城防備の経験がある嘉明が、ふもとの二の丸と標高一三二メートルの高さにある本丸間の防備として取り入れたとされる。とくに、本丸を囲む高さ一四メートル以上の屏風折（屈折を連続させる）の石垣の巨大さは圧巻だ。現存の天守の中では、松山城と彦根城だけに「登り石垣」の存在が確認されている。

このように松山城には、攻守にさまざまなしかけがされている。初代藩主の嘉明は、戦国武将の中でも指折りの築城名人といわれた。秀吉子飼いの家臣で賤ヶ岳七本槍のひとり。阿波水軍を率いて数々の武功を立て、関ヶ原の戦いの功で徳川家康から伊予二〇万石を与えられた。さまざまな城攻め、築城を経験して大名となった嘉明が、二六年の歳月を費やして築いた松山城。堅固にして壮麗な平山城の傑作といわれている。

4章

城を落とす激しい攻防戦

鳥取城

飢餓地獄となった鳥取城の飢え殺し

①所在地・鳥取県鳥取市　②築城年・天文年間（一五三二〜一五五五）　③築城主・山名誠通《のぶみち》とされてきたが、但馬山名氏の説もあり不詳　④形式　平山城または山城

◇難攻不落の名城だった鳥取城

鳥取城は、現在の鳥取市の東方にそびえる標高二六〇メートルの久松山の山上に建てられた山城または平山城である。

明治になって陸軍省により払い下げられ、建造物の多くが壊されてしまい、現在は石垣、堀と扇御殿化粧の間が残るのみである。だが江戸期の鳥取城の構造や建物の配置などに関しては、数多くの古絵図や史書に詳しい記録が残されているので、よくわかる。

これまで、因幡守護の山名誠通が天文一四年（一五四五）に、久松山の地形を利用して築城したとされてきたが、近年の研究では山名誠通の因幡山名氏と対立する但馬山名氏が

久松山にそびえる鳥取城

築いたという説もあり、はっきりしていない。

　天正元年（一五七三）、山名豊国が城を大改築して三層の壮大な天守閣を山上に築いた。そして山上からふもとにかけ階段状に八つの大曲輪を造り、久松山全体を巨大な要塞につくりかえた。ふもとを流れる袋川が天然の水堀となり、難攻不落の堅固な鳥取城を築城したのである。その後、関が原の戦い後に池田長吉（ながよし）が入り、ふもとに天球丸などの近世城郭を増築し、大改築をおこなった。そして幕末までは徳川家と縁戚関係にあった池田家の居城となっていた。

　山頂には「山上の丸」というエリアを造り、天守閣、多聞櫓、月見櫓、御旗櫓、出丸、馬場、井戸などが設けられていた。さらにそこから階段状にふもとに向かって、天球丸、二の丸、三の丸が築かれた。天守閣は三層天守を二層に改築し、柿葺き、板葺きの屋根、下見板張りという寒さに耐えるよう配慮した造りであった。

天球丸は池田長吉の姉の天球院が居住していた。三階櫓、御風呂屋御門などの建物があったが、享保五年の火事で焼失した。ふもとの丸の内は、現在、鳥取西高校のグランドや久松公園になっているエリアで、江戸期には米蔵、武器蔵が立ち並び、馬場もあった。

二の丸、三の丸、御三階櫓ほか多数の櫓、太鼓御門はじめ多くの門、石垣、堀が備えられた山陰地方最大の城で、城主が変わり年代が経つうちに拡大し、圧倒的存在感のある、難攻不落の城であった。

◆人肉まで食べる飢餓地獄となった鳥取城の戦い

難攻不落の天下の城は何度も戦の舞台となってきたが、なかでも「鳥取城の飢え殺し(かつえごろし)」といわれた悲劇を生んだのが、秀吉の鳥取城攻めである。

戦国時代、因幡は毛利氏の支配下にあった。織田信長は天下統一には毛利氏を制圧して中国地域を支配下におけばよかった。信長は羽柴秀吉に命じて中国地域に侵攻させた。天正八年(一五八〇)、秀吉は毛利家配下にあった鳥取城を包囲した。このとき、当時の鳥取城主の山名豊国は、秀吉に降伏して城を明け渡そうとした。

これに反発した家臣たちは、豊国を追い出して代わりに吉川経家を城主に迎えた。経家は籠城に備えて食糧を確保しようとしたが、すでに近隣の米や食糧はすべて秀吉が買い占めており、まったく手に入らなかった。城にはわずかに二〇日分の食糧しかなかった。

さらに、秀吉の兵士たちは、近隣の村々を襲って村人たちにわざと乱暴を働き、村人たちが鳥取城内に逃げ込むように仕向けた。これによって、城内は兵士たちだけでなく、戦わない一般人までが大勢あふれることになり、ますます食糧が不足することになった。

天正九年七月、秀吉は鳥取城を、総延長一二キロに及ぶ包囲網を敷いて包囲した。包囲網からは蟻の子一匹通さない厳しい監視がされた。城主の吉川経家は何度も援軍に食糧の搬送を頼もうとするが、毛利の援軍は秀吉軍に襲撃されて包囲網を突破できなかった。

鳥取城内の食糧は八月には尽き、城内は飢えに苦しみ始めた。軍馬や野草、ねずみや蛇、城内の稲ワラなど食べられるものはすべて食べ尽くした。やがて餓死するものが出始めると、兵士たちは死者に群がり死体の肉をあさるまでになった。埋められた死者を掘り起こして人肉を貪り食う者もいた。

餓死するよりは城外に逃げようという者もいたが、塀をよじ登ろうとすると、敵に撃たれてしまい、城からは逃げることもできなかった。撃たれた者が塀から転げ落ちると、まだ息があるというのに、大勢が刀やナタを持って負傷者に群がり、切り刻んで我先に食べるのだった。なかには死者の生首を大事に抱えて逃げていく者、その首を奪い合う者などが出て、身の毛もよだつ地獄絵図が展開されたのである。

この凄惨な飢餓地獄に耐えかねた経家はついに、もはやこれまでと、自刃を条件に開城し、兵士や村人の命を救うことにした。一〇月二五日、経家が自害すると、秀吉は城内の兵士のために粥を炊いた大釜を出してやった。

城から出てきた人々は、目の前の粥を見て、我先にガツガツと貪り食った。ところが、飢えで弱りきった体で急激に食物を取り込んだため、内臓が異状をきたして、せっかく生きながらえた者もほとんどが死んでしまったという。

そこで、この容赦のない秀吉の兵糧攻めを「鳥取城の飢え殺し」というようになった。

原城 三万七〇〇〇人が惨殺された島原の乱

①所在地・長崎県南島原市 ②築城年・明応五年（一四九六）
③築城主・有馬貴純 ④形式・平山城

◈時間を忘れて見続けるほど美しかった原城

原城は、現在の長崎県島原半島の南部に位置し、有明海に向かって突き出した岬の突端に築かれた平山城である。

明応五年（一四九六）、もとは島原を支配していた戦国大名・有馬貴純の居城・日野江城の支城として造営された。三方を有明海に守られた天然の要害で、本丸を中心に、二の丸、三の丸、天草丸、出丸などの曲輪で構成されていた。

残念ながら、城は島原の乱で破壊されてしまったが、現在、本丸跡の石垣や、空堀の石垣などの遺構がよく残されていて、最盛期の繁栄を偲ぶことができる。

有馬氏は、有明海に望むこの城を、軍事的にも優れているが、外観も壮麗でとても美しい城に造り上げた。有明海を行き交う舟人が、舟から見上げた原城のあまりの美しさに、時間を忘れていつまでも見入ってしまったことから、「日暮城」ともいわれた。

その後、有馬氏は日向に転封になったので、松倉重政が元和二年（一六一六）、日野江城に入城するが、有明海に面した雲仙岳のふもとに島原城を築城したため、日野江城と原城は廃城にされた。江戸時代の当時は、幕府から「一国一城令」が出されたため、一つの藩に城は一つしか造れなかったからだ。そのため、江戸期に廃城にされた城、破壊された城がたくさんある。

寛永一四年（一六三七）から翌年にかけて起きた島原の乱の後、幕府は原城の本丸などほとんどの破却をおこなったので、今は壮大な石垣と空堀が残る。その城跡だけでも十分に見応えがある。昭和一三年（一九三八）原城跡は国の史跡に指定され、発掘調査が行われた際には、三万七千人といわれた一揆軍の犠牲者の人骨や弾丸、十字架などが発掘された。

本丸跡に建つ天草四郎像

空から見る原城址の全景

◈島原の乱

この原城が全国に知れ渡った島原の乱は、天草・島原一帯の農民が天草四郎を総大将に、キリシタン信仰を旗印にして起こした歴史上最大の一揆である。島原一帯は、かつてはキリシタン大名の有馬晴信の所領で、領民のキリスト教信仰も盛んであったが、慶長一九年（一六一四）に有馬氏が転封になり、代わって松倉重政が藩主となった。

松倉重政・勝家父子は、島原城建設による出費などの財政逼迫により、農民に過酷な重税を課し、また厳しいキリシタン弾圧を行った。年貢を納められない農民や改宗を拒んだキリシタンには厳しい拷問や処刑をおこなったという。

天草も元はキリシタン大名の小西行長の領地だったが、後に寺沢広高が藩主となり、島原同様に、農民に過酷な圧政とキリシタン弾圧を行った。

そのため過酷な取り立てに耐えかねた島原・天草の農民は、かつて有馬氏や小西氏の家臣であり、農民に転じた帰農武士たちの指揮のもとに一揆を起こしたのである。一揆軍は当時、キリシタンの間でカリスマ的な人気があった一六歳の少年・天草四郎を総大将として、島原城、富岡城を襲撃した。

幕府は当初はただの農民一揆とたかをくくっていたが、かつては有馬氏や小西氏の家臣であった武士が指揮する一揆軍は、本格的に武装・組織化されており、およそ三万七千もの農民が決起したので勢いがあった。

しかし幕府軍は一二万もの兵力を集めていたため、一揆軍は追い詰められて、原城に立てこもって籠城戦に突入した。キリシタンの信仰により、死をも恐れぬ一揆軍の抵抗に幕府軍は苦しめられ、籠城は四カ月にも及んだ。だが、一揆軍はやがて食糧も弾薬も尽き果てて、ついに寛永一五年（一六三八）二月、幕府軍の総攻撃により、壊滅した。

城内にいた三万七千の一揆勢は、老人や女子供に至るまで一人残らず惨殺され、原城は徹底的に破壊された。泣き叫ぶ女子供や、逃げまどって炎の中に飛び込む者、崖から飛び降りる者なども出て、まさに地獄絵図さながら。一揆軍の兵士の首は原城内の竹にさらされ、農民や女子供は手足を切断され、遺骸は穴に放り込まれただけで放置されたという。

キリシタンの痕跡を残さぬよう一切を闇に葬るという幕府の執念により、原城は、本丸、櫓など建造物はことごとく焼却され、徹底的に処分された。現在の原城の遺跡からは、そんな幕府の執念が伝わってくる。

その後、原城は放置されて荒れ果て、惨殺された人々の怨念が幽霊となって城跡をさまよい続けているとうわさされ、長い間、誰も寄り付くことができなかった。一〇〇年たった明和三年（一七六六）、有馬村のある寺の僧侶が、乱で死んだ人々の骨を敵味方なく拾い、慰霊のために「ほねかみ地蔵」を建立した。「ほねかみ」とは、骨を噛みしめることから、敵の痛みをかみしめる、相手を救うという意味だという。このほねかみ地蔵は、いまも原城址の本丸近くに建っている。

乱の後、島原一帯は無人となってしまい、新たに赴任した藩主は周辺から移住者をつのって田畑を開墾し、復興に努めたという。

現在は、一揆の犠牲者を追悼するため、毎年四月に原城一揆祭りがおこなわれ、夜には原城跡は無数のキャンドルの炎で包まれ、幽玄な姿は見る者に感動を与える。

上田城 徳川の大軍を二度も退けた上田合戦

①所在地・長野県上田市 ②築城年・天正一一年(一五八三)
③築城主・真田昌幸 ④形式・平城

◇長野新幹線の車窓から見える上田城櫓

上田城は、千曲川の支流にある尼が淵の断崖を背にして築かれた平城である。南は尼が淵、北は太郎山にはさまれ、東西には河川が流れて天然の堀となって、敵の攻撃を阻む格好の城であった。

真田昌幸はこのような戦に最適の地に築城し、さらに城の周囲に仕掛けや工夫を凝らした戦国期の築城の名手である。徳川の大軍をわずかの兵で、二度にわたって翻弄し退けた名城として世に知られる。これが有名な上田合戦だ。

本丸、二の丸、三の丸で構成され、本丸には七基の櫓が建てられていた。現存していない建物が多いので、昌幸が建てた上田城はくわしくはわからないが、近年の調査で、桃山時代の特徴である金箔瓦や金箔の鯱などが発掘された。これらから、かなり壮麗な城であったと推測される。天守閣が造営されたのか不明だが、金の鯱が発掘されたことから、天守閣も造られていた可能性はあるとされている。

真田家の後、元和八年（一六二二）に仙石忠政が入城し、上田城の復興工事を開始し、近世城郭に造りかえようとしたが、忠政の死後は工事が中断した。その後は松平氏が引き継ぎ、幕末を迎えた。

城は徳川時代に取り壊され、堀も埋められたので、いまは、昌幸が造営した当時の姿は見ることはできないが、本丸、二の丸、石垣などは現存し、二つの櫓も復元され、大手門は平成六年に再建された。現在は、長野新幹線の車窓から崖の上にそびえる櫓などがよく見える。

また、明治維新で政府により上田城は売却されることになったが、地元の篤志家により保護されていまの姿が保たれた、このとき、城内本丸跡に歴代藩主を祀る真田神社が造営された。神社の本殿近くに真田井戸と呼ばれる古井戸があるが、これは、戦でいざというとき、城内から外に逃げ出すための隠れ通路で、城外に通じていたといわれている。

上田城の大手門

尼が淵よりの櫓

◈ 天下の知将真田昌幸

上田城の名をとどろかせた第一回の上田合戦は、天正一三年（一五八四）に起きた。

徳川家康は昌幸を討つため、七千の大軍を上田城に向かわせた。対する昌幸は二千の兵力で迎え撃つ。数から言えば圧倒的に昌幸の不利だ。だが、昌幸には巧妙な作戦があった。昌幸の長男の信之がわずかな兵を率いて、上田城近くの神川で徳川軍を迎え撃った。信之は退却すると見せかけて徳川軍を城下に誘い込んだ。徳川軍は逃げる信之軍を追って大手門を突破、城内の二の丸に殺到した。

このとき、待ちかまえていた真田郡の兵が丸太を転がし、側面から弓矢や鉄砲で襲いかかった。しかも千鳥掛けの柵や道に設けられたさまざまな仕掛けに徳川軍は逃げ惑い、大混乱に陥る。さらに町家に仕掛けられた火炎によって逃げることができず、真田鉄砲隊の餌食となった。

この戦で徳川軍は千三百人の死者を出したが、真田軍はわずか四〇人しかいなかったという。家康は面目を失い、真田昌幸は天下の知将としてその名を知らしめることになった。

第二回の上田合戦は、一五年後の慶長五年（一六〇〇）に勃発した。関が原の合戦で、昌幸と次男の幸村は西軍（石田三成方）に、長男の信之が東軍（徳川家康方）について戦うことになった。家康の嫡男・秀忠は、昌幸に徳川軍につくよう勧告するが、昌幸はこれを拒否。怒った徳川秀忠軍が上田城を攻撃した。

徳川秀忠軍は三万八千もの大軍で、真田軍はわずかである。このときも昌幸の作戦に秀忠軍はまんまとしてやられた。

まず幸村が上田城から出撃し、徳川軍に敗けて逃げるふりをして大手門まで誘い込むと、待ち構えていた城内の真田軍がいっせいに攻撃する。

大混乱した徳川軍は退却したが、真田軍はさらに、ひそかにせき止めていた神川の堤防を切って水攻めにしたのだ。

秀忠軍は大敗を喫し、さらに、六日間も上田城で足止めされたため、関が原の合戦に間に合わず、家康から大叱責を受ける羽目に陥ったのである。

関が原の戦いの後は、西軍についた昌幸と幸村父子は命だけは助けられ、高野山に流され、上田城は徳川の管理のもとに置かれた。

やがて昌幸は高野山で没したが、幸村は大坂の陣のときに高野山を脱出し、豊臣秀頼のもとに馳せ参じ、大活躍したことは有名である。

真田神社本殿

現在、上田城跡は城址公園に整備され、観光拠点となっている。現存する南櫓や北櫓、本丸櫓、大手門などの姿は迫力があり、城作りの名手と謳われた真田昌幸の面影がしのばれる。

一千本の桜や三〇〇メートルにわたるケヤキ並みが見事で、観光客の人気スポットになっている。

忍城　石田三成の水攻めに屈しなかった忍城の戦い

①所在地・埼玉県行田市　②築城年・一五世紀後半　③築城主・成田氏
④形式・平城

◇『のぼうの城』のモデルとして人気に

大ベストセラーとなった小説『のぼうの城』のモデルとなったのが、忍《おし》城である。忍城城主の成田長親が、石田三成の水攻めにも屈せず、籠城作戦を成功させた話を元に書かれた小説で、映画化もされて話題になったため、埼玉県にある忍城は、城主・成田長親とともに世に知られるようになった。

忍城は埼玉県の北部、群馬県に接する行田の地に一四〇〇年代の後半に武蔵武士であった成田氏によって建てられた。初代城主は成田顕泰（あきやす）で、以後四代にわたり、天正一八年（一五九〇）まで成田氏が城主であった。

忍城の御三階櫓

城の北側は利根川、南は荒川に挟まれた扇状地で、小さな川が乱流して広大な沼地となっており、敵の攻撃を防ぐには最適の地だった。忍城は、そこに残る島や自然にできた堤を利用して造営され、四方を沼の中に浮いたように見えるので、「浮き城」と呼ばれていた。

城は明治維新後の廃城令によって、ほとんどの建造物が撤去されて城跡が忍公園として整備された。

現在、城跡には御三階櫓、鐘楼、本丸土塁跡、城壁、城門などが残っている。御三階櫓は、三層四階の壮麗な建物で、当時は天守閣の代わりに城の重要部分となり、屋根の上には大きな鯱が乗っている。白壁が美しく、関東七名城のひとつに数えられる。

城の周りの外堀と沼地は、現在は水城公園に整備され、ホテイアオイがびっしりと咲きほこる「あおいの池」が観光スポットになっている。

城の近くには稲荷山古墳や丸墓山古墳など、九基の大型古墳の「さきたま古墳群」もあり、小説『のぼうの城』のヒットもあって、忍城の観光人気は上昇中だ。

◈石田三成の失敗

成田氏は関東の覇者北条氏に属していたため、天正一八年（一五九〇）、豊臣秀吉が北条氏を制圧するため小田原城攻めをおこなったとき、当主の成田氏長は北条側で戦うため小田原に出陣した。その留守の忍城を、秀吉方の武将・石田三成が攻撃してきたのである。

留守を預かるのは成田泰季《やすすえ》。城には非戦闘員の農民や町人、女子供などの領民も逃げ込んできた。

石田三成の軍勢は二万六千の大軍で、対する忍城は、領民も含めて二七〇〇名である。しかし三成の攻撃にもよく耐えて、忍城は落ちなかった。そこで、三成は水攻めにすることにし、近隣の人びとを集めてわずか五日で二八キロに及ぶ堤を築き、利根川と荒川の水を引き込んだ。

忍城の水城公園

この間、忍城では、城代の成田泰季が病で急死し、嫡男の長親（ながちか）が指揮を執ることになった。この長親が小説『のぼうの城』の主人公「のぼうさま」のモデルである。「のぼう」とは「でくのぼう」のことで、不器用でのろまだが、度量が深く、親しみやすく農民にも分け隔てせず接するので、領民に慕われていた。

三成の水攻めは一カ月に及んだが、忍城はなかなか落ちなかった。やがて、堤防が決壊して水が流れだし、逆に三成の兵士が流されて多くの犠牲者を出した。この堤防を決壊させたのは、長親を慕う農民が三成の水攻めに怒って壊したという説もある。

こうして、忍城はついに落ちず、北条氏の籠る小田原城のほうが先に、七月五日に落城した。そのため忍城も豊臣方に明け渡さねばならず、開城したが、成田長親はおおいに面目をほどこすことになったのである。いっぽうで石田三成はこの戦の失敗から「戦下手」といわれるようになった。

水攻めにされたときの、興味深いエピソードがある。長親は水攻めに対抗するために、城を囲む水の上に船を漕ぎだし、舟の上で田楽踊りを披露するという策を考え出した。田楽踊りを踊る長親を三成は狙撃する。長親は一命を取り留めるが、長親を慕う農民が、長親が撃たれたことに激怒して堤防を決壊したともいう。

また、城主の氏長の娘でまだ一八歳であった甲斐姫が、甲冑を身につけ、二〇〇あまりの兵を率いて城の入り口で三成軍と勇敢に戦い、忍城に籠城する兵士たちを勇気付けたという。この話を後に聞いた豊臣秀吉は、甲斐姫の勇気に感動して側室にしている。

現在、忍城の御三階櫓は行田市の郷土資料館となり、郷土の歴史を知ることができる。

ここのみやげ物店では、忍城が落ちなかったことにかけて、「食べれば人気が落ちない、運気が落ちない、受験に落ちない、忍城キャンディー」を名物土産として販売し、人気となっている。

備中高松城

黒田官兵衛の驚きの「水攻め」と、守る勇将・清水宗治

①所在地・岡山県岡山市 ②築城年・不明 ③築城主・石川氏 ④形式・沼城
⑤遺構・城址公園、水攻め築堤跡

◇難攻不落の沼城「備中高松城」

備中高松城は備前から備中松山に至る松山往来沿いの要衝の地に、戦国時代この地に権力を持っていた石川久孝が築城した。現在の岡山市中心部から西へ約一二キロの場所で、観光エリアとしても知られる吉備路の一画にある。

石川久孝は、その頃の戦に盛んに威力を発揮し始めた鉄砲戦術に対処するため、この地に沼城を築いた。高松城の周囲は足守川が流れ、大きな沼地で泥土が深く、いったん沼地に入ると体が沈んでまったく動きが取れなくなる。敵の騎馬隊や鉄砲隊は、城に総攻撃をかけても沼にはまってしまい、まったく動けない。難攻不落の無敵の城であった。

本丸、二の丸、三の丸のほかに家中屋敷があったが、現存しているのは、城跡だけで、くわしいことはわかっていない。

黒田官兵衛の奇策・水攻め

天下を狙う武将が群雄割拠した戦国時代、織田信長は天下取りまであと一歩という段階まできた。残るは、中国地方の覇者・毛利氏を制圧するだけであった。天正五年（一五七七）、信長は羽柴秀吉（後の豊臣秀吉）に命じて毛利氏を討つため、中国地方への総攻撃を開始した。これが世に言う信長の「中国攻め」である。

黒田官兵衛

信長軍は備中・備前（現岡山県のあたり）で毛利軍と攻防戦を繰り広げた。攻める信長軍を迎え撃つ毛利軍は、備前と備中の国境に、防衛のため七つの城を築いた。「境目七城」である。北から宮路山城、冠山城、備中高松城、加茂城、日幡

備中高松城水攻めの絵図

城、庭瀬城、松島城の七城で、そのなか、もっとも主要な城が備中高松城だった。

毛利を攻める秀吉軍は天正一〇年（一五八二）四月、まず宮路山城、冠山城を攻め落とし、続いて加茂城、日幡城も攻略し、同月の二七日と五月二日の二回にわたり、三万もの大軍を率いて高松城に総攻撃を開始した。

当時、高松城は石川久孝の重臣で娘婿の清水宗治が、わずか五千の兵をもって討ち死に覚悟で守っていた。宗治は毛利家の家臣でもあり忠義に厚く、降伏を勧める秀吉に頑として応じなかった。「討ち死にしても我が城は決して秀吉には落とさせぬ」と誓う宗治。

秀吉軍は力攻めをかけるが、城の周りの沼にはまってことごとく失敗し、攻めあぐねていた。さらに、高松城には毛利輝元の約三万の援軍が近づいていた。

秀吉は、毛利の援軍が到着する前に、何としても高松城を落としたかった。そのとき秀吉に「水によって城が落とせないなら、反対に水を使ってせめればよい！」と水攻めを進言したのが、戦国随一といわれた軍師の黒田官兵衛である。

城攻めが得意な秀吉にとっても、この水攻めは驚天動地の珍戦術であった。だが、官兵衛の奇策を受け入れた秀吉は、さっそく地元の農民たちを動員して堤防造りを開始した。近くを流れる足守川の東から全長約三キロ、高さ約七メートルの堅固で長い堤防をわずか一二日間で築きあげ、足守川の水を引き込むことで、高松城を水の中に孤立させた。

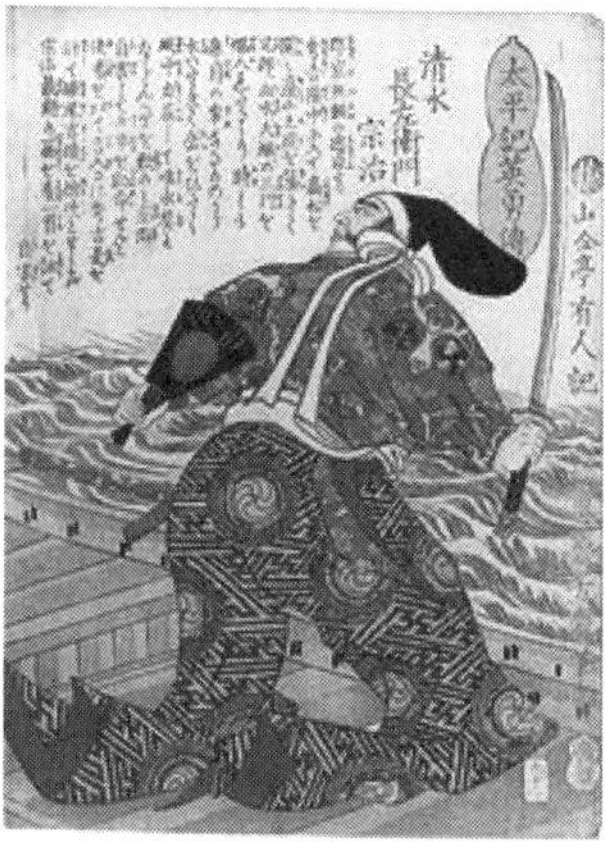

高松城主の清水宗治

梅雨の時期でもあったため、足守川が増水し高松城は水没しかけ、物資の補給路も断たれてしまい、城内の兵たちの士気は一挙に落ちて動揺しだした。駆けつけた援軍の毛利軍も水かさが増していく城を前に為す術もなかった。

さらに秀吉方には信長の援軍が駆けつけるとの報を聞いて、毛利輝元は城兵を見殺しにはできないと、秀吉に講和を持ちかけた。

しかし秀吉が出した講和の条件は「備中、美

清水宗治首塚

作、備後、伯耆、出雲の中国五カ国の割譲と清水宗治の切腹」という厳しいものであった。毛利側もこれには納得できなかったが、秀吉も宗治の切腹にこだわり、交渉は成立しなかった。

◈本能寺の変と清水宗治の切腹

ところが、秀吉側にとんでもない異変が起こった。天正一〇年（一五八二）六月二日未明、京都本能寺にいた信長が明智光秀の謀反により落命する。この異変を知った秀吉は、愕然とする。しかし、そのとき何と黒田官兵衛は「秀吉様に天下が回ってきますぞ」と天下を取るチャンスだとそそのかしたのである。

信長の死を毛利方が知れば、毛利は織田家を滅ぼすチャンスだと俄然、襲撃してくるはず。そこで秀吉は、早く和睦を結ぶため、条件を領土の割譲は減らし、宗治の切腹だけとした。あくまで清水宗治の切腹にこだわる秀吉。この条件を知った宗治は、毛利家安泰のため、城兵の救命のため、切腹を決意する。

六月四日、宗治は城の周りの水の中に小舟に乗って漕ぎ出し、船上で舞を舞い、辞世の句を詠むと切腹した。秀吉は差し出された宗治の首を前に「まことに武士の鑑」と称賛して礼を尽くして葬ったという。

その後、備中高松城は徳川家の家臣の花房氏が城主となっていたが、江戸時代初めに廃城になり、現在、城跡が残るのは本丸跡のみで、城址公園として整備され宗治の首塚、胴塚、資料館などが建てられている。

秀吉が築いた堤防の跡は、杭や土俵跡などが復元された。毎年六月四日にはこの本丸跡で、宗治の偉業を讃えて宗治祭が行われている。

5章

築城名人の武将たち

太田道灌と江戸城

水上交通の立地に目をつけた戦国初期の築城名人

①所在地・東京都千代田区　②築城年・長禄元年（一四五七）
③築城主・太田道灌　④形式・平山城

◆足軽戦法を生み出した不敗伝説の武将

江戸幕府の象徴である江戸城の基礎を築いたのは、戦国時代初期の武将、太田道灌（＊1）だ。二〇代でいくつも城を築き、築城名人と呼ばれた。

道灌は、関東管領扇谷《おうぎがや》上杉家の家臣、太田資清《すけきよ》の子として生まれた。

幼い頃は鎌倉の建長寺で学び、その後、足利学校（＊2）にも学んでいる神童だった。天狗になりそうな息子を心配した父親が、

＊1　室町時代後期の武将。永享四年（一四三二）～文明一八年（一四八六）。

＊2　日本でもっとも古い学校。平安時代初期もしくは鎌倉時代に創設されたとされる、中世の教育機関。

江戸城の富士見櫓

太田道灌

「知恵が優りすぎてもよくない。障子は直立しているからこそ、立っていられる」とお説教すると、

「父上、屏風は曲がっているからこそ、立っていられます」

と、やり返したというエピソードが残っている。

生涯、三十数度の合戦で不敗を誇る戦上手だった道灌は、戦の仕方にも大きな変化をもたらした人物だった。

それまでは、武将同士が「われこそは～」と名乗り合って刀を交えるという戦い方が武士の作法とされていた。しかし道灌は、そんな悠長なことをせず、長槍や竹竿を持った足軽たちが集団で武将を取り囲んで倒せばいいじゃないか、と考えたのだ。

のちに「足軽戦法」と呼ばれた方法を考案したのは、道灌だった。

◆水路が発達した好立地の江戸に築城

道灌は、とても合理的な考え方の持ち主だったのだろう。城は敵を見下ろす高台（山）に造るものというそれまでの常識を覆して、

「平地にいたほうが敵を攻めやすい」という理由で、あえて平地に城を築いた。のちに、平城と呼ばれる築城方法だ。

そんな道灌が、関東一円の武将たちに睨みをきかせる築城の地として選んだ場所が、江戸の地だった。当時の江戸は、まだはっきりとした領主もいない荒れ果てた土地だった。海岸線も内陸部に入り込んでいて、現在の日比谷のあたりまでが海だった。

霊夢のお告げでこの地を選んだという言い伝えもあるが、道灌の本拠地であった川越（埼玉県）と江戸を結ぶ荒川のおかげで交通路があること、水路が入り組んだ水運の地であることなどが理由だった。道灌は江戸城を築いただけでなく、この地の治水工事や神社の建立、町の整備にも力を尽くした。

江戸城、川越城（埼玉県川越市）、岩付城（同県岩槻市）を造って大いに勢力を拡大するが、最後はライバルの中傷を信じた主君に殺されてしまう。享年五五歳だった。

道灌を歌人に育てた「山吹伝説」

旅の途中、にわかの大雨に降られた道灌が、蓑《みの》を借りようと近くの農家に立ち寄ったところ、美しい娘が出てきて、蓑の代わりに一輪の山吹の花を差し出した。

「七重八重　花は咲けども　山吹の　実のひとつだに　なきぞ悲しき」

という後拾遺和歌集の兼明親王の和歌にかけて、「貧しさゆえに、蓑のひとつも持っていない」と答えたのだ。

娘の機知を大いに喜び、道灌もまた歌人の道に精進したという。

上杉謙信と春日山城

越後の虎が城作りに励んだ理由

①所在地・新潟県上越市　②築城年・南北朝時代
③築城主・上杉氏　④形式・山城

◆毘沙門天の生まれ変わりと信じていた

越後の虎と呼ばれた戦国時代の最強の武将といえば、上杉謙信だ（＊1）。越後国守護代を務めた長尾氏出身で、幼名は虎千代、元服後は景虎《かげとら》と称した。

幼い頃から体が大きく、相撲でも年上の子どもを倒して泣かせてしまう乱暴なところがあったが、頭の良さは群を抜いていた。

謙信が家督を継いで春日山城城主、守護代となったのは一九歳のとき。越後統一を成し遂げたのは、その三年後の天文二〇年

＊1　生没年は、享禄三年（一五三〇）〜天正六年（一五七八）。

（一五五一）。まだ二二歳の若さだった。

自らを毘沙門天（＊2）の生まれ変わりと信じていた謙信は、義に厚く、隣国から応援を頼まれると、嫌と言えずに何度となく出兵していく。そのくせ農民が多い兵たちのために、稲刈りの時期には越後に帰ってしまう。どんなに戦に強くても、これでは領土は広がらない。

謙信の最大のライバルは甲斐国の武田信玄だ。北信濃の覇権を争った「川中島の戦い」は、一二年間で五回も戦ったのに、ついに両者の決着はつかなかった。

なかでも、永禄四年（一五六一）の四回目が、最大の戦いだった。このときは、武田の本陣まで攻め込んだ謙信が、信玄に三度も太刀を浴びせ、信玄は傷を負いながら軍配で応戦したといわれている。

◆生涯のライバルに、塩を送る

＊2　七福神のひとり。元はインドの神様で、戦いの神だった。

春日山城址

上杉謙信

そんな信玄を、謙信は助けたことがある。

信玄の領地である甲斐と信濃は海のない内陸部で、塩が採れない。戦で勝てないと思った敵将が、塩の流通を止める「塩止め」の策で対抗したことがあった。それを聞いた謙信は、「戦場で戦ってこそ、武将というもの。そんな卑劣な策はけしからん！」と激怒して、武田方に越後の塩を送り届けたのだ。

「敵に塩を送る」という言葉は、このエピソードから生まれた。


謙信が生まれた春日山城（新潟県上越市）は、上越市中部にある春日山の山頂に築かれた典型的な山城だ。複雑な地形を利用して、難攻不落の名城といわれるまでに整備したのは、もちろん謙信。

標高約一八〇メートルにある本丸からは、日本海や高田平野を一望できる。空堀《からぼり》（＊3）や土塁《どるい》（＊4）が展開する山の裾野に、約一・二キロメートルにも及ぶ堀と土塁が、総構《そうがまえ》（＊5）で築かれていた。

＊3　尾根を掘って作る人工的な凹地。
＊4　土を盛って作った障壁。
＊5　防御のため外周をかこった日本の城郭構造。

謙信が春日山城の修復を怠らなかったのは、理由がある。激闘を繰り広げた信濃川中島（長野県長野市）は、春日山城まで直線距離にして約百キロメートル。信濃国境からわずか一日で、春日山城まで到達する距離なのだ。

やはり謙信は、ライバルである信玄を恐れていたのだ。

「上杉謙信は、じつは女性だった？」説

生涯独身だった謙信が倒れたのは、春日山城のお手洗いで、脳卒中だったといわれている。

ところが、伊勢亀山城主の松平忠明が書き記した「当代記」には、「越後景虎四十九歳没、大虫という」とあるのだ。

当時の大虫といえば、「しゃくの虫、婦人の血の道を起こす」というもので、今でいう更年期障害・婦人病のこと。しかも、毎月一〇日前後になると、謙信は腹痛を起こして合戦中でも城中に閉じこもることが多かったという。

お手洗いで倒れたのも、三月九日。これはもしかして!?

城を持たなかった、ただひとりの戦国武将

武田信玄と躑躅《つつじ》ケ《が》崎館《さきやかた》

①所在地・山梨県甲府市　②築城年・永正一六年（一五一九）
③築城主・武田信虎　④形式・平城

◆志なかばで倒れた、甲斐の虎

越後の虎（上杉謙信）に対して、甲斐の虎と呼ばれた武田信玄（＊1）。ワンマン領主だった信虎の長男として生まれるが、父親とは相性が悪かった。天文一〇年（一五四一）、二〇歳のときに、父親を隣国の今川家に追放するクーデターを起こして、武田家を継いでいる。

幼いときから「孫子」を学び、高い教育を受けていた信玄は、優れた政治家でもあった。父親を反面教師として家臣の合議制を導入

＊1　生没年は、大永元年（一五二一）～元亀四年（一五七三）。信玄の名前は出家後の法名で、幼少期は晴信と称した。

再現された躑躅ヶ崎館のセット

武田信玄

し、領内の治水工事（＊2）や新田開発に努めて、経済を発展させた。

戦国最強軍団をもち、信玄の代名詞でもある「風林火山」の文字を染め抜いた旗印は、敵将を震え上がらせた。その意味は、

疾《と》きこと風のごとく　徐《しず》かなること林のごとし　侵掠《しんりゃく》すること火のごとく　動かざること山のごとし

孫氏の兵法の一説からとったものだった。

天下統一を目指す織田信長がもっとも恐れていた武将は、信玄だったという。しかし、三河の家康を攻める戦いの途中で病に倒れ、志半ばでこの世を去ってしまった。五三歳の死だった。

◆水洗トイレがあった、信玄の小さな居館

信玄は、群雄割拠の戦国時代にあって、生涯、城を持たなかったただひとりの武将だった。

＊2　甲府盆地の笛吹川と釜無川の氾濫を防ぐため、二〇年以上をかけて治水工事を行った。信玄が築いた堤防のあとは「信玄堤」として、今も残っている。

信玄の居城である躑躅ヶ崎館は、東西二八三メートル、南北一九二メートル。決して大きくはなかったこの館が、甲斐国の政治の中心だった。

人は城、人は石垣、人は堀、情けは味方、仇は敵なり

信玄の遺した有名な言葉だ。

つまり、大名を支えるのは石垣でも堀でもなく、領民と家臣である。彼らの信頼があれば、高くそびえるような城など建てる必要はない。情で繋がった人たちとの絆は味方を増やし、憎しみで繋がった人の絆は敵を増やす、という意味だ。こんなことを実現できたのは、信玄しかいないだろう。

そんな躑躅ケ崎館には、なんと水洗トイレがあったという。裏山の水を流す仕組みが作られていて、用を足した信玄がひもを引いて鈴をならすと、伝言ゲームのように伝わって上流の者が水を流すのだ。そこは六畳ほどの和室で、室内には机や硯も置かれていた。

信玄はその場所を「山」と呼んでいた。その名前の由来を尋ねた家臣に、信玄はこう言った。

「山にはつねに、草木（臭き）が絶えぬから」

息子の勝頼に残した信玄の遺言

家康が治める三河攻めの途中で病に倒れた信玄は、病床で遺言を残している。

武田家の記録である「甲陽軍鑑」によれば、「自分の死を三年秘密にして、遺体は諏訪湖に沈めること。何かあったら上杉を頼れ」と言い残した。自分の名前で息子を守ってやりたい親心だったのか。

遺言を守った勝頼だったが、実際の死から二年後の天正三年（一五七五）、長篠の戦いで信長・家康の連合軍に破れ、信玄の死からわずか一〇年後の天正一〇年（一五八二）、武田家は滅亡した。

山本勘助と小諸城

武田家の名城を支えた信玄の軍師

①所在地・長野県小諸市　②築城年・天文二三年（一五五四）
③築城主・武田信玄　④形式・平山城（穴城）

◆諸国を遍歴しながら築城術を極める

武田信玄の軍師として有名な山本勘助（＊1）だが、じつは物語の中の架空の人物といわれた時期も長く、ナゾ多き武将なのだ。

駿河国（または三河国）に生まれた勘助は、二六歳（または二〇歳）のときに、兵法（軍学）修行、武者修行の旅に出る。諸国を遍歴しながら兵法を修得して、城取り（築城術）や陣取り（戦法）を極めたとされる。

そうして長い浪人生活の末に、甲斐国の武田家重臣の板垣信方《のぶかた》に

＊1 『甲陽軍鑑』による山本勘助の生没年は、明応二年（一四九三）～永禄四年（一五六一）だが、実は諸説あって、正確にはわかっていない。

仕えるのだが、そのとき、すでに五〇歳を超えていたと思われる。

顔立ちが悪く、隻眼《せきがん》で、足が不自由な勘助だったが、若き国主の武田晴信（信玄）は、その才能を見抜いたのだろう。いきなり足軽大将衆に抜擢して召し抱え、側近のブレーンに取り立てた。

武田家について記した「甲陽軍鑑」によれば、武田二四将（＊2）の一人に数えられ、日本初の参謀的軍師とされている。

＊2　武田信玄に仕えた武将で、評価の高い二四人を指す。

◆勘助愛用の鏡石が残る小諸城

諸国の事情に通じていた勘助は、仕官してすぐに信濃（長野県）の城をいきなり九つも攻略して、その才能を知らしめた。とりわけ攻城術、築城術の専門的な知識をもっていた。

正確な資料は残っていないが、信州の小諸城や海津城（長野県長野市、松代城）、駿河の久能山城（静岡県静岡市）なども、勘助が縄張り（＊3）したとされる。小諸城には、勘助が愛用したといわれる磨き抜かれた鏡石が残っていて、久能山城の井戸も勘助が掘っ

＊3　堀や門、本丸などの配置を示す、城の基本設計のこと。

小諸城の城門

山本勘助

たものだといわれる。

小諸城の城郭は勘助の案で市街地より低く縄張りされ、別名「穴城」ともいわれた。浅間山の深い谷を空堀として利用し、西側を千曲川が守る武田家の重要な拠点。つまり、武田家の名城といわれる城は、すべて勘助が関わっていたようなのだ。


信玄の信頼厚い勘助だったが、謙信にはさすがにかなわなかった。謙信と信玄の最大の激突となった永禄四年（一六四一）の第四次川中島の戦い（＊4）で、勘助は越後勢を打ち破る奇策を進言する。題して、キツツキ戦法。

武田軍を二手に分け、山上に陣取る上杉勢を奇襲して、驚いた上杉勢が山を降りてくるところを挟み撃ちにしようという作戦だった。しかし、謙信は勘助の案を見破っていた。武田勢の裏をかいて先に千曲川を渡り、濃霧を利用して武田の本陣に奇襲をかけてきたのだ。

＊4　川中島の戦いは、通算五回行われた。

この戦いで信玄は傷を負い、また勘助自身も壮絶な討ち死にを遂げている。

山本勘助は、本当に実在したのか?

山本勘助の名前は、じつは武田家の資料「甲陽軍鑑」にしか登場しない。勘助にまつわるエピソードは、すべて「甲陽軍鑑」もしくは後世の創作であると考えられていた。

架空の存在、忍者説、家来説などさまざまあるなかで、昭和四四年(一九六九)、NHK大河ドラマ『天と地と』(主演・石坂浩二)放送中に、「山本勘助」の名前が記された一通の手紙が見つかった。資料鑑定で本物と確認され、以来、山本勘助実在説がクローズアップされるようになったのだ。

織田信長と岐阜城

戦国時代を終わらせ、日本の城作りも変えた革命児

①所在地・岐阜県岐阜市　②築城年・建仁元年（一二〇一）
③築城主・二階堂行政　④形式・山城

◆大うつけから天下取りの風雲児へ

戦国の風雲児と呼ばれた織田信長（＊1）。尾張名古屋の戦国大名、信秀の長男に生まれ、幼名は吉法師《きっぽうし》といった。

とにかく幼い頃から、大胆不敵な奇行が多かった。一八歳で家督を継いでからも、その奇行は変わらず、腰に火打石やヒョウタンなどをぶら下げた奇妙な格好で町を歩く。家臣領民から「大うつけ」（大ばかもの）と呼ばれた殿様だった。

信長の名前を、一躍天下にとどろかせるきっかけは、永禄三年

＊1　生没年は、天文三年（一五三四）～天正一〇年（一五八二）。

四層からなる岐阜城天守閣

織田信長

（一五六〇）、桶狭間《おけはざま》の戦いだ。大軍約二万五千人を率いて上洛を目指した駿河・遠江・三河の大守、今川義元を、わずか二千人ほどの兵で急襲し、首をあげてしまったのだ。そのとき、信長は二五歳。

そんな信長に目を付けたのが、隣国の美濃国の戦国大名、斎藤道三（＊2）だ。ひとり娘の帰蝶《きちょう》濃姫を政略結婚させたのも、あわよくば尾張を手に入れようとしていたらしい。しかし、信長と会見後にその非凡さを見抜き、自分が死んだあとは、「美濃一国を信長に譲る」と遺言まで書いている。

◆天下布武を夢見た、壮麗な巨城

道三が嫡男、義龍の謀反で討ち死にすると、信長は待ってましたとばかり、美濃に攻め込んだ。京へ通じる交通の要であり、「美濃を制するものは、天下を制す」と言われた重要拠点だった。

永禄一〇年（一五六七）、長良川に面した稲葉山の山頂にそびえる城をようやく手に入れた三四歳の信長は、それまで暮らしていた

＊2　京都妙覚寺出身の僧侶で、還俗後は、油売りの商人となる。油の行商で全国を歩くうちに、室町時代から続く名門の土岐氏に取り入り、ついには美濃一国を手に入れた。下克上の代名詞的存在で、美濃の蝮《まむし》と呼ばれた。

尾張の小牧山城から本拠地を移す。大改修した城の名前も「岐阜城」（＊３）と改めた。岐阜城下では楽市楽座（＊４）をひろめ、「天下布武」の印章を用いるなど、天正四年（一五七六）に安土城へ移るまで、本格的な天下統一事業を着々と進めた城だった。

岐阜城は、信長の南蛮趣味を取り入れた、四層からなる南蛮様式の華麗なもの。一階は千畳敷と呼ばれた舞台のような大広間があり、二階は家族の部屋、三階は茶室で四階は岐阜の町を一望する天守閣があった。地下から入る階段や、襖で仕切られた数々の部屋が迷路のように入り組んでいた。

岐阜城に招かれたポルトガルの宣教師ルイス・フロイスによれば、巨大な石垣や「劇場のごとき大なる家屋」は、「クレタの迷宮」（＊５）のような複雑な構造だったと記している。

天正一〇年（一五八二）、信長は、本能寺の変で明智光秀に討たれ、天下統一の夢を断たれる。難攻不落とされた岐阜城も、慶長五年（一六〇〇）の関ヶ原の戦いで、徳川家康率いる東軍にわずか二

＊３　岐阜の名前は、古代中国の故事「周の文王、岐山に起って天下を定む」から取ったとされる。

＊４　城下町を繁栄させるために、座（組合）商人の特権や市場税を廃止して、自由に商いができるようにした経済政策のこと。

＊５　ギリシャのクレタ島にあるクノッソス宮殿の地下にある迷宮。

日で落とされ、翌年、廃城になっている。

鳴かぬなら殺してしまえホトトギス

信長、秀吉、家康という、三人の天下人の性格を表した江戸時代の川柳がある。

信長は「鳴かぬなら殺してしまえホトトギス」、秀吉は「鳴かずとも鳴かしてみせようホトトギス」、家康は「鳴かぬなら鳴くまで待とうホトトギス」。

信長は、短気で気難しい性格だったといわれる。光秀が本能寺で謀反を起こしたのも、そんな信長に嫌気がさしたからだといわれるが、歴史の真実は果たして？

豊臣秀吉と伏見城

天下統一で栄華を極めた関白太閤

①所在地・京都府京都市　②築城年・文禄元年（一五九二）
③築城主・豊臣

◆「人たらし」の才能で天下をつかむ

織田信長が倒れたあと、電光石火の早業で明智光秀を討ち、あれよあれよと言うまに、天下統一を成し遂げてしまった豊臣秀吉（＊1）。

尾張の農民から信長のぞうり取りとなり、冷えたぞうりを懐に入れて温めたことから信長に目をかけられたエピソードは、だれもが知っているだろう。

小柄（＊2）で貧相な顔立ちだったらしく、信長に「猿」「ハ

＊1　生没年は、天文六年（一五三七）～慶長三年（一五九八）。

＊2　身長は一五〇センチメートルもなかったという説から、一六〇センチメートルほどまで、諸説あるが、当時としても小柄だった。

ゲネズミ」と呼ばれながら、その才覚でめきめきと頭角を表す。「人たらし」と呼ばれるほどの人心掌握術で、竹中半兵衛、黒田官兵衛、加藤清正、石田三成など優秀な家臣を数多く抱えたことが、出世の理由でもあった。

信長が本能寺で殺されたとき、秀吉は備中高松城（岡山県岡山市）を水攻めにしている最中だった。本能寺の変の一報を受け、すぐさま和議をとりまとめて京に戻り（＊3）、光秀を討って主君の敵討ちを果たす。信長の後継者としての地位を天下にアピールすることに成功したのだった。

◆豪華絢爛な秀吉最期の居城

革新的な発想で城作りを進めた織田信長にならって、秀吉も城作りが大好きだった。この頃になると、戦用に守りを固めた城から、権力を誇示する象徴へと、城作りの性格も変わっていく。

秀吉が初めて城主として築城した長浜城（滋賀県長浜市）、居城

＊3　「中国大返し」と呼ばれる全軍大移動で、秀吉軍はわずか一〇日間で、高松城から京まで、約二百キロメートルを走り抜いた。

1964年に模擬天守が建てられた

豊臣秀吉

とした姫路城（兵庫県姫路市）を前者とすれば、政権運営の中心として築いた聚楽第（京都府京都市）、国内最大の大坂城（大阪府大阪市）は、後者の代表だ。

派手好きな秀吉が最期を迎えたのは、伏見城だった。天下統一後、甥の秀次に関白職を譲って太閤（＊4）となり、晩年の隠居城として築くのだが、その規模は贅沢の限りを尽くしている。

大阪と淀川で直結し、京都に睨みをきかせることができる伏見は、絶好の要衝。延べ二五万人を動員して、わずか一年で築いた城は、文禄五年（一五九六）の大地震で全壊。地盤の堅固な木幡山《こはたやま》を本丸として、すぐさま再築し、慶長二年（一五九七）に完成させた。

天守閣を備えた城内には、二の丸、松の丸など一二の曲輪《くるわ》（＊5）があり、関白太閤の権力を誇示した豪壮華麗な城だったが、完成翌年の慶長三年（一五九八）、栄華を楽しむまもなく秀吉は亡くなった。在城、わずか四年。

関ヶ原の戦いで石田三成らの西軍に攻められ、落城するが、のち

＊4　前関白の尊称。

＊5　本丸、二の丸、三の丸など、場内に配置された小区画のこと。

に家康が再建し、征夷大将軍在任中の居城となった。

家光の代まで使われていたが、元和九年（一六二三）、廃城となった。取り壊された伏見城跡一帯に桃の木が植えられ、桃山という地名が生まれた。

のちに「安土桃山文化」と呼ばれた時代の代表作といわれる城だ。

出世のきっかけは、墨俣一夜城の築城

秀吉の才覚を表す有名な話に、墨俣一夜城がある。

信長の美濃攻めに際して、稲葉山城（岐阜城）攻略の前線基地となる砦の築城を命じられた木下藤吉郎（秀吉）は、美濃の土豪だった蜂須賀小六と相談。長良川西岸の墨俣（岐阜県大垣市）に、川の上流からいかだを組んで材木を運びこむという奇策を思いつく。

激しい戦いの末、わずかな期間で砦造りに成功。秀吉が出世の階段を猛スピードで駆け上がっていくきっかけとなった、墨俣一夜城物語である。

徳川家康と二条城

「天下普請」の城作りで諸大名を屈服

①所在地・京都府京都市　②築城年・慶長六年（一六〇一）
③築城主・徳川家康　④形式・平城

◆重き荷を負うて生きるがごとし一生

織田がつき羽柴がこねし天下餅座りしままに食うは徳川（＊1）

信長、秀吉が道をつけた天下統一の仕上げを成し遂げた家康（＊2）。棚からぼた餅で天下をとったような、ずる賢いタヌキ親父のイメージで語られることが多い。

晩年に、

「人の一生は重き荷を負うて遠き道に行くがごとし」と話した家康の生涯は、どんなものだったのか。

三河国の土豪、松平広忠の嫡男として生まれる。幼名は竹千代。

＊1　作者不明。江戸時代後期の落首と思われる。

＊2　生没年は、天文一一年（一五四三）〜元和二年（一六一六）。七五歳の長寿をまっとうした。

二条城の堀

徳川家康

六歳のときから足かけ一二年もの長い人質生活を送り、故郷の岡崎に戻ったのは、一九歳だった。

故郷に戻ったのもつかのま、武田信玄の三河攻めが始まり、三方原の戦い（＊3）で九死に一生を得ている。家臣が家康の身代わりとなり、馬にしがみつくようにして家康は浜松城に逃げ込んだ。生涯もっとも惨めな敗北だった。

信長の死後、天下取りに動く秀吉を横目に、三河・遠江・駿河・甲斐・信濃の関東五カ国の大名として、家康は領国の治世に力を注いだ。天正一八年（一五九〇）、北条氏の小田原攻めを最後に天下統一を成し遂げた秀吉から、関東への国替えを命じられる。ここでも文句もいわずじっと我慢した家康は、江戸の整備に力を尽くし、関東の覇者としての地位を着々と築いていった。

慶長五年（一六〇〇）、関ヶ原の戦い（＊4）で勝利した家康はついに天下を掌握する。このとき、六二歳だった。

＊3　元亀三年（一五七三）、三方原（静岡県浜松市）で起こった武田と徳川の戦い。武田軍約二万人強と徳川軍約一万人の戦いで、家康軍が大敗した。

＊4　秀吉の死後、政権争いが激化し、徳川家康を総大将とする東軍と、毛利輝元を総大将に石田三成を中心とした西軍が、関ヶ原で戦った。日本中の大名を二分して行われた、天下分け目の戦いだった。

◆徳川幕府の始まりと終わりの舞台

天下人となった徳川家康は早速、西日本の諸大名に命じて、江戸城、駿府城、二条城などの再建を果たしている。家康の城作りは諸国大名を服従させ、経済力をそぐ「天下普請」だった。

征夷大将軍就任後、落成間もない二条城に入城。重臣や公家を招いて、将軍就任の祝賀の儀を行った。二条城は聚楽第を凌ぐ華麗さで、諸大名や朝廷に将軍の権威を見せつけた。

廊下は歩くとキュッキュッとなる鶯《うぐいす》張り（＊5）。二条城の壁には、射撃のための穴である狭間が造られていなかった。つまり、戦うための城ではなかったのだ。

将軍就任の儀式は、三代家光まで踏襲されたが、その後は使用されることはなく、廃れていった。

歴史上、二条城が重要な意味をもった場面が二度ある。

一つ目は、慶長一六年（一六一四）の家康と秀頼の二条城会見。

＊5　人が歩くと板のきしみ音が鳴るように作られた仕組み。外部からの侵入者を防ぐ危険探知のための仕掛け。

このとき、加藤清正を従えて現れた秀頼は、一七歳。成長した秀頼の聡明さに驚いた家康は、徳川の天下に危機感を抱き、豊臣家を滅ぼすことを決意したといわれる。

二つ目が、徳川最後の将軍となった慶喜が、この城で大政奉還し、将軍職を朝廷に返上した。

二条城は、徳川幕府の始まりと終わりの舞台だった。

じつは五つもあった二条城

まず、一三代足利将軍、足利義輝の御所だったもの。義輝が松永久秀と三好三人衆に殺害されたときに焼失した。

次に、織田信長が足利義昭のために建てた二条御所。義昭追放後、二条御所を解体してあらためて信長の宿舎として築いた二条御新造（二条殿）、信長亡き後、秀吉が二条御新造の東に築いた妙顕寺城。これもまた、二条城と呼ばれていた。

そして、最後に家康が築城した、現存する二条城。世界遺産としても登録されている国宝である。

明智光秀と坂本城

才気が仇となり、信長と刺し違えた名将

①所在地・滋賀県大津市　②築城年・元亀二年（一五七一）
③築城主・明智光秀　④形式・平城、水城

◆敵は本能寺にあり

明智光秀（＊1）が主君の織田信長を討った本能寺の変は、なぜ起きたのか。その理由は、今もよくわかっていない。

信長を討ち果たした光秀は、わずか一一日後の山崎の戦いで破れ、居城がある坂本へ向かう山城国（京都府京都市）の山中で、落ち武者刈り（＊2）の百姓に襲われて亡くなった。

美濃国の名門、土岐氏の一族に生まれた光秀。美濃の国主、斎藤道三に仕えていたが、道三の死後は諸国を放浪した。

＊1　生没年は、享禄元年（一五二八）～天正一〇年（一五八二）。

＊2　鎧やかぶとを売るために、敗戦して逃げる途中の武将を殺すこと。

越前の朝倉義景に仕官した時代に、側近の細川藤孝《ふじたか》（＊3）と意気投合。藤孝を通じて、流浪の室町将軍、足利義昭を知る。室町幕府の復興を願う義昭が信長を頼ったことで、光秀もまた信長の家臣となった。

光秀は、和歌や茶の湯に親しむ豊かな教養と、鉄砲の名手で戦の才覚も備えた知将だ。また、当時としては珍しく側室を嫌い、正室の熙子《ひろこ》だけを愛する律儀な男だった。

そんな光秀に、信長の狂気の命令がくだされる。

「比叡山を焼き払え！」

元亀二年（一五七一）、比叡山焼き討ち事件（＊4）である。しかも、お堂もろとも、僧侶、女子ども、老人まで皆殺し

明智光秀

＊3　光秀の盟友。藤孝の嫡男、忠興に三女の玉子が嫁いでいる。美人の代名詞といわれた、のちの細川ガラシャ夫人である。

＊4　比叡山が岐阜から京都までの大きな障害であったことと、世俗化した僧兵たちの腐敗ぶりに怒った信長が、焼き討ちを命じた。

にしろと言う。光秀は青ざめ、震え上がった。

◆安土城に次ぐ美しき名城

同じ年、光秀は、滋賀郡の領地を与えられ、琵琶湖のほとりに坂本城の築城を命じられる。築城費として黄金千両を与えるという破格の待遇だったが、領民たちの反織田感情はすさまじかった。

とはいえ、生まれて初めて一国一城の主になったのだ。光秀は誠心誠意、仕事に励んだに違いない。

京と安土の中間点に位置する坂本城は、天下布武を目指す信長にとって最重要拠点。織田家家臣ナンバーワンと言われたのも同然だ。しかも、織田家に来てわずか四年の大抜擢は、秀吉を上回るスピード出世だった。

水上交通ができる立地条件を生かして、光秀は城内から直接、船に乗り込めるように、琵琶湖の水を引き込んだ水城にした。琵琶湖の水位が下がると、湖水に隠れた石垣が見えてくる。姫路城のような高層の大天守と小天守がそびえ、宣教師のルイス・フロイスが、「安土城に次ぐ名城」と記したほどの、美しい城を築いた。

善政を行って領民たちに慕われていた光秀は、その後、丹波国も与えられて丹波亀山城も築城。しかし数年後には坂本・丹波を取り上げられ、毛利征伐を命じられる。馬車馬のように働かされつづけたのだ。

あらゆる権威を認めない信長の狂気のような命令は、ますます激しさを増すばかり。そして、元亀一三年（一五八二）五月、毛利攻めの戦勝祈願のためとして、光秀は人生最後の連歌会を開いた。

「時は今　雨が下《した》たる　五月哉」（＊5）

＊5　時は土岐氏、雨は天にかけている。つまり、「土岐氏が今こそ天下をとる五月なり」という光秀の宣言だった。

石田三成と佐和山城

家康の天下支配に挑んだ悲運の武将

①所在地・滋賀県彦根市 ②築城年・鎌倉時代
③築城主・左保時綱、石田三成 ④形式・山城

◆秀吉に差し出した三献の茶

石田三成（＊1）は、近江石田村（滋賀県長浜市）の生まれで、秀吉に見出された。

秀吉と出会ったときの「三献の茶」エピソードが有名だ。長浜城主となった秀吉が鷹狩りの途中、寺に寄ってお茶を頼んだ。汗だくの秀吉を見た寺小姓は、最初に大ぶりの茶碗にたっぷりとぬるめのお茶を運んできた。次に、一杯目より少し熱いお茶を茶碗に半分だけ入れて差し出し、三杯目は熱いお茶を小さな茶碗に入れて持って

＊1 生没年は、永禄三年（一五六〇）～慶長五年（一六〇〇）。

きた。

喉が渇いている相手に、最初から熱いお茶を出してはやけどしてしまう。機転の利いた寺小姓の振る舞いに感心した秀吉は、家来として召し抱える。それが、三成だった。嘘かまことか、今に語り継がれている。

三成の才能は、戦うことしか知らない当時の武将たちの中で、経済に明るいことだった。戦を続けるためには、兵隊たちの兵糧や武具などをつねに供給しなければならない。兵一人当たりの兵糧や弾薬を計算し、確実に輸送すること。戦場での武功はあまりなかったが、管理能力が評価され、三成は豊臣家五奉行の筆頭まで上り詰めていった。

ただ、そうした冷徹な官僚ぶりが、秀吉子飼いの武将たちの反感を買ったとも

石田三成

いわれている。

◆三成には過ぎた城といわれた近江の名城

そんな三成が任されたのが、近江北部の佐和山城だ。近江支配の重要拠点でありながら、整備が行き届かずに荒れ果てていた。天正一八年（一五九〇）（＊2）に入城。

元来は砦程度の規模だった城を大改修して、本格的な城郭を備えた城に建て替えた。本丸を中心に、西の丸、二の丸、三の丸、太鼓丸を備え、本丸には五層（三層の説あり）の天守がそびえたつ壮麗な城だった。

治部少《じぶのしょう》（＊3）に　過ぎたるものが　二つあり　島の左近（＊4）と　佐和山の城

と詠われたほど、壮大な山城だったようだ。

秀吉の死後、専横ぶりを示しはじめた徳川家康に猛然と歯向かった。しかし、三成は関ヶ原の戦いに破れ、小早川秀秋率いる西軍の

＊2　入城の時期については、諸説ある。

＊3　三成は、石田治部少輔の官位を与えられていた。

＊4　三成の禄高の半分、二万石で召し抱えたという逸話のある、軍師。

裏切り大名が、佐和山城に猛攻撃をかけた。この時、城を守っていたのは三成の父、正継以下、およそ二八〇〇人。しかし、城兵たちはよく戦い、大軍を相手に一歩も引かない抵抗を見せた。落城後、徳川方の兵たちが城内に乱入したが、城内には華美な飾りもほとんどない質素なものだったという。

石田一族の滅亡後、佐和山城には井伊直政が入城。彦根山に新たな城を築いたときに、佐和山城の建物はすべて取り壊され、石垣の石まで掘り起こして移されるほどだった。

現在、佐和山城址にはほとんど何も残っていない。一説には、善政を敷いて領民に慕われていた三成のイメージを払拭するために、徹底的に破壊したのだともいわれる。

黒田官兵衛と福岡城

秀吉を脅かす存在と恐れられた名参謀

①所在地・福岡県福岡市　②築城年・慶長六年（一六〇一）
③築城主・黒田官兵衛、黒田長政　④形式・平山城

◆天下取りの策で秀吉を支える

ＮＨＫ大河ドラマ『黒田官兵衛』で注目を集める黒田官兵衛は、播磨国の姫路で生まれた。一六歳で初陣を飾り、生涯五〇数度の合戦に出て、一度も負けることがなかったという戦名人。

秀吉の側近として仕え、竹中半兵衛と双璧をなす名参謀だった。信長が本能寺の変で討たれたときは、備中高松城から京まで約二百キロメートルを全軍でとって返すという「中国大返し」の策を秀吉に勧め、天下取りを支えた。

しかし官兵衛の才能を恐れた秀吉は、論功行賞で豊前中津国（大分県中津市）一二万石しか与えなかった。「やがて、自分の地位を脅かす男」だと感じたからだといわれる。

そんな秀吉の恐れを敏感に感じた官兵衛は、家督を息子の長政に譲り、自らは隠居して如水と名乗った。

また、官兵衛はキリシタン大名でもあった。

信長がキリスト教を保護したこともあり、当時の戦国大名たちのあいだでは、茶の湯とキリスト教が流行していた。入信の動機はハッキリわからないが、他人に寛容な教養に共感したのかもしれない。また、信長と同じように西洋技術の修得という実利的な理由もあったようだ。天正一二年（一五八四）に入信。小寺シメオン官兵衛と称した。

◆築城技術のすべてを注いだ難攻不落の福岡城

関ヶ原の戦いの功で、官兵衛・長政親子は、筑前五二万石を与え

難攻不落だった福岡城

黒田官兵衛

られる。

中津城（大分県中津市）、讃岐高松城（香川県高松市）を築城し、姫路城、大坂城、名護屋城、広島城の城作りにも参加した官兵衛は、築城三大名人のひとりとされている。

領地にもとからあった名島城（福岡県福岡市）を廃城とし、官兵衛は自らの経験のすべてを注ぎ込む城作り集大成として、福岡の築城に取り組んだ。

本丸と二の丸は朝鮮出兵で学んだ石垣技術を駆使して固め、城内には一〇を超える大小の門、城郭の要所に四七カ所の櫓を築き、完成までに七年の歳月をかけた。

城作り名人の加藤清正が、「自分の城は三～四日で落ちるが、福岡城は三〇～四〇日は落ちない」と感心したほど、鉄壁防御の城だった。

「人に媚びず、富貴を望まず」

長政に言い残したという言葉が、その生き様を物語る。戦国乱世をしたたかに生き抜いた武将の遺訓だった。

小田原城無血開城の立役者

小田原城攻めのときには、官兵衛はすでに家督を嫡男の長政に譲っていたが、変わらずに秀吉の参謀を務めていた。

二〇万を超す大軍で小田原城を囲むこと、四カ月。秀吉は大坂から淀君を呼び寄せたり、京から能・歌舞の演者を招くなど余裕を見せる。

そんな中、秀吉の使者として単身、小田原城に向かったのが官兵衛だった。領民や将兵の命をムダにするなと、城に立てこもる北條氏政・氏直親子を命がけで説得。争わないまま無血開城させることに成功したのだった。

主君を七度変えた、城作りの名手

藤堂高虎と愛媛宇和島城

①所在地・愛媛県宇和島市　②改修年・慶長元年（一五九六）
③改修主・藤堂高虎　④形式・平山城

◆家康の危機を救った六尺二寸の大男

もともとは、織田信長に滅ぼされた浅井長政に仕える足軽だった。近江国犬上郡藤堂村（現・滋賀県犬上郡）の土豪、藤堂虎高の次男として生まれる。先祖は近江国の小領主だったが、群雄割拠の戦国時代にあっては、身分などあってもないも同然。農民同様の身分から、浅井家に取り立てられた。

身長は六尺二寸（約一八八センチ）というから、相当な大男だった。姉川の合戦に参戦して武功をあげるものの、長政は信長に討た

宇和島城天守

藤堂高虎

れ、その後も仕える主君が次々に滅ぼされるという不運続き。ようやく日の目を見るようになったのは、秀吉の弟、豊臣秀長の家臣となってからだ。

秀長の下で鉄砲大将となった藤堂高虎（＊1）は中国攻め、賤ヶ岳の戦い（＊2）などに従軍。秀吉の懐刀といわれた秀長の良き参謀として活躍し、その知略は広く天下に知られるようになった。

秀長、秀吉の死後は、天下人の資質を見定めて徳川家康に接近。関ヶ原の戦いや大阪冬の陣、夏の陣で奮戦した。真田幸村の奇襲で危機一髪だった家康を救ったのは、高虎の働きによるといわれた。

万一、関ヶ原の戦いで破れたときは、家康は高虎の持ち城だった伊賀上野城に逃げ込むつもりだったというから、その築城術への信頼は厚く、家康臨終の席にも呼ばれているほど。

伊勢津藩の初代藩主として内政にも気を配り、名君と呼ばれた。

◆四角形に見える不等辺五角形の宇和島城

＊1　生没年は、弘治二年（一五五六）〜寛永七年（一六三〇）。

＊2　天正一一年（一五八三）、近江国の賤ヶ岳（滋賀県長浜市）で行われた、秀吉と柴田勝家の戦い。信長亡きあとの織田家の勢力争いだった。

加藤清正、黒田官兵衛と並ぶ、三大築城名人に数えられる。

初めて築城したのは、猿岡山城（和歌山県紀の川市）。その後、聚楽第普請の責任者だった秀長の下で、さまざまな築城技術を学んだと思われる。

高虎の築城スタイルは、「深く広い堀と高い石垣で敵を侵入させない」というもの。高虎が造った城は、宇和島城を筆頭に、今治城（愛媛県今治市）・篠山城（兵庫県篠山市）・伊賀上野城（三重県伊賀市）・膳所城（滋賀県大津市）など一八城にも及び、どれも防御能力の高い名城ばかりだった。

中でも宇和島城は、二辺が海に面する不等辺五角形の縄張り「空《あき》角《かく》の経始《なわ》（＊3）」で、一見、四角形に錯覚させる。高虎が縄張りしたこの不思議な設計に、徳川幕府大目付のお庭番でさえ、「四方の間、合わせて一四町」とだまされた。

西半分は海、東側にも海水を引き込んだ堀を巡らせた「海城（水城）」でもあった。

＊3　五角形平面の縄張り（設計図）で、四角形に見せるからくり。

「武士たるもの七度主君を変えねば武士とは言えぬ」

秀吉、家康と節操なく主君を変えたために、高虎には「変節漢」という悪評もある。

しかし、自分の能力を正しく評価してくれる主君に仕官するべし、というのが高虎のポリシーだった。

単に引き立ててくれるだけでなく、仕えるべき主君を自分で選んだ、人を見る目をもった武将だった、ともいえる。

最後の主君となった家康には破格の待遇を受け、熊野を含む伊勢津藩の領主となり、最終的には三二万石の大名になった。藩内の商業や農業の活性化にも成功した名君だった。

独眼竜の異名で呼ばれた奥州の覇者

伊達政宗と仙台城（青葉城）

①所在地・宮城県仙台市　②築城年・慶長六年（一六〇一）
③築城主・伊達政宗　④形式・山城↓平山城

◆遅れてきた、奥州の改革児

あと一〇年早く生まれていたら、天下の行方は変わっていたかもしれない。

独眼竜の異名をもつ伊達政宗（＊1）は、伊達氏一六代当主、輝宗の嫡男として生まれた。幼名は、梵天丸《ぼんてんまる》と称した。

幼少時に天然痘を患って右目を失い、隻眼となる。しかし、隻眼の行者、満海上人《まんかいしょうにん》（＊2）の生まれ変わりと信じられ、いつしか「独眼竜」と呼ばれるようになった。

＊1　生没年は、永禄一〇年（一五六七）～寛永一三年（一六三六）。

＊2　羽州（山形県）で聖人として有名だった隻眼の高僧。

荒々しい気性に君主の器量を見た父親が若くして隠居し、政宗は一八歳で家督を継いでいる。翌年、父親を謀略で失った政宗は、領土拡大に努め、わずか五年ほどで南奥州を征服。陸奥に伊達あり、と存在感を増していった。

上洛を促す豊臣秀吉の誘いを黙殺しつづけ、北條攻めにギリギリで参加するような剛胆さがあり、徳川幕府の時代になっても、野心を抱きつづけたといわれる。

新しもの好きで派手好み。伊達家の兵たちを華美な戦装束で着飾らせ、「伊達者《だてもの》」（＊3）という言葉を流行させたりした。

信長と同様に、南蛮文化にも興味を示し、支倉常長以下約一八〇人をヨーロッパに派遣したこともあった（＊4）。

もともとの居城は米沢（山形県）だったが、豊臣秀吉の命令で岩出山城（宮城県大崎市）に移り、関ヶ原の戦い後は徳川家康に仙台藩六二万石を安堵され、新たな築城に乗り出す。それが、仙台城だ。

＊3　派手な格好や奇抜な装いを好んで着こなす人を指した。

＊4　慶長一八年（一六一三）、政宗がフランシスコ会宣教師ルイス・ソテロを正使、支倉常長を副使として、スペインとローマに派遣した使節団（慶長遣欧使節）。

青葉山に建つ仙台城

伊達政宗

◆独眼竜が天下を夢見た巨城

仙台城は青葉山に建っていることから、青葉城とも呼ばれる美しい城だ。

青葉山の東側は高さ六〇メートルの断崖絶壁、北から東に流れる広瀬川は天然のお堀の役目を果たす。また、南側にも深さ四〇メートルの谷があり、西は厚い原生林が広がっている。つまり、敵の侵入口は北側だけ。政宗は、北から攻めてくる敵のことだけ考えればいいという、まさに天然の要塞だった。

慶長五年（一六〇〇）に築城を始め、翌年、まだ完成前に入城を果たしている。政宗の代で築いたのは本丸だけだったが、のちに西の丸、青葉山山麓の二の丸、三の丸と付随する櫓、門からなる。

各分野の名人、名匠を呼び寄せて贅を尽くし、慶長一五年（一六一〇）に完成したときには、畳敷き部分と縁側を含めて約四三〇畳にも及ぶ大規模な武家御殿建築だった。

本丸の南側に清水の舞台のように崖にせり出した眺瀛閣《ちょうえいかく》から、仙台城下を一望できた。

実戦向きの堅固な城だった。徳川政権の下で、天下への夢を捨てきれなかった政宗が、秘かな野心を燃やしつつ暮らした城だった。

6章

この城に
この姫さま

小谷城

◆茶々・初・江

なんという不運！ 二度も落城の目にあった三姉妹

小谷《おだに》城（廃城）①所在地・滋賀県長浜市 ②築城年・大永三年（一五二三）頃 ③築城主・浅井亮政 ④形式・山城

◆大好きな父との別れ

北近江（※1）の浅井家当主の浅井長政と、織田信長の妹お市のあいだに生まれたのが茶々、初、江《ごう》の三姉妹。戦国一の美女と呼ばれた母に似て、三人とも愛らしい姫さまたちだった。長政とお市はとても仲が良く、三姫さまは大事に大事に育てられた。

一家が住んでいたのは小谷城。標高約五〇〇メートルの小谷山の尾根を利用した、戦国屈指の山城として知られている。本丸や大広間からは居住に使っていたと思われる遺物も見つかっているという

※1 現在の滋賀県北部にあたる。

茶々

江

初

から、幼い姫さまたちはここでも遊んだに違いない。

しかし、幸せな家庭はあっけなく崩壊する。姫さまたちの伯父である信長と、父の長政との同盟が破られたことから、織田・徳川連合軍と、父が率いる浅井・朝倉連合軍とのあいだで決戦の火ぶたが切って落とされたのだ。そして、ついに三姫さまが暮らす小谷城は伯父の軍勢に包囲されてしまった。

信長にとっては実の妹と、その娘たちがいる城だ。「城を明け渡せば命は助ける」と降伏をすすめたのだが、父、長政はそれを断った。しかし、父は妻と娘たちの命だけは助けてくれるよう信長に頼んだ。

こうして、大好きだった父から引き離され、三姫さまは母といっしょに城から追われたのだ。その直後、小谷城は落城。父は、城内で自害した。茶々が五歳、初が四歳、江はまだ赤ん坊だった。

◆二度目の父と、そして母との別れ

そして小谷城落城から約九年。今度は伯父の信長が明智光秀の謀反にあい、自害してしまう。残った家臣のあいだで勢力争いが激化し、なかでも豊臣秀吉と柴田勝家がライバルとして争った。

その争いに巻き込まれた母のお市は、織田家の意向で重臣、柴田勝家と再婚。母と三姫さまたちは、北庄城に移り住んだ。勝家はやさしい人で、姫さまたちをたいそうかわいがった。

しかし、ここでの生活も、たったの一年で終わってしまう。

勝家のライバル秀吉が、虎視眈々と天下をとる機会をねらっていたからだ。そして、ついに北庄城は秀吉勢に包囲される。敗北を覚悟した勝家はお市と三姫さまを城外に逃がそうとしたが、二度も夫を見捨てることはできないと、お市だけは夫とともに城に残ることを決断。それは、三姫さまにとって母との永遠の別れでもあった。

そして、北庄城は落城。実の父と同様、義理の父は自害し、母までもが夫に殉じて自害して果ててしまった。このとき、茶々が一五歳、初が一四歳、江は一一歳だった。

二度も落城を経験することは、そうはない。そのまれな経験をした三姫さまは、その後も数奇な運命をたどる。

茶々は、二〇歳のときに母と義理の父を死に追いやった秀吉の側室（※1）になったが、それも運命の皮肉といえるだろう。また次女の初は京極高次の正室、三女のお江（※2）は徳川秀忠の正室になっている。

※1　母のお市に思い寄せていた秀吉は三姫を保護したが、お市にいちばん似ていた茶々を側室に迎えた。また、秀吉から淀城を与えられ、そこに住んだことから、茶々は「淀殿」と呼ばれた。

※2　三代将軍、徳川家光や千姫の母。

忍城 ◆甲斐姫

三成も幸村も落とせなかった、忍城を守る武勇の姫

忍《おし》城（廃城）①所在地・埼玉県行田市 ②築城年・延徳二年（一四九〇）③築城主・成田親泰 ④形式・平城

◆父の留守を武装して守り抜いた

甲斐姫は忍城城主、成田氏長の長女である。「なぜ女に生まれたのだ」と父親を悔しがらせるほど勇気にあふれ、武芸に秀でた姫さまだった。ちなみに、甲斐姫が二歳のときに離別した母も祖母も武力に優れていたというから、母方の血筋なのかもしれない。

天正一八年（一五九〇）、豊臣秀吉が北条氏を滅ぼそうと二〇万の兵を引き連れて関東に攻めこみ、小田原城を包囲した。甲斐姫の父、氏長も援軍の一員として小田原城に出向いていたのだが、その

すきをねらってか、豊臣秀吉の命令で石田三成が二万の大軍を率いて忍城に攻めてきたのである。

このとき、忍城では叔父の泰季が軍の指揮をとったのだが、なんと病に倒れて亡くなってしまう。かわりに指揮をとったのは、甲斐姫の義母だった。義理の母まで勇猛だったわけだ。

三成は、備中高松城の水攻めにならって忍城を水攻めせよと秀吉から命じられ、荒川と利根川から水を引いたのだが、もともと沼地に造った水城だったため、効果がなく苦戦していた。

三成軍が途方に暮れていると、城門が開き、鎧兜に身を包み馬にまたがった甲斐姫が走り出てきた。甲斐姫は刀を巧みに操って敵をなぎ倒し、敵の武将、三宅高繁の喉を弓矢で貫き、「敵将、討ち取ったり!」と雄叫びをあげて、三成軍を蹴散らしていったのである。

お手上げ状態の三成軍に、援軍として真田幸村が到着。しかし、甲斐姫の猛攻に阻まれて身動きがとれなくなってしまった。彼らは「女の守る城を落とせない」と嘲笑されたという。

その後、小田原城の北条氏直が秀吉に降伏したのに続き、甲斐姫の父、氏長も忍城開場を決断する。破れたとはいえ、肝の座った甲斐姫は堂々と城から退去したという。

◆急転回、秀吉の側室に

その武勇伝を聞いて、秀吉はすっかり甲斐姫を気に入り、側室に迎えた。兜を取ると「東国随一」といわれたとびきりの美女だったのだから、なおさら気に入るはずである。

側室となった甲斐姫の心情を知ることはできないが、秀吉を言いくるめて、父、氏長を下野烏山二万石の大名に取り立てさせたそうだ。さすがに、したたかな姫さまだ。

その後、秀吉のボディガードも務めた甲斐姫だったが、秀吉が亡くなったあとに起こった大坂の陣（※1）のときには、徳川家康の娘で、秀吉の息子豊臣秀頼の正室だった千姫（※2）の取り成しにより命を救われ、東慶寺で余生を送ったという。

※1　慶長一九年（一六一四）～慶長二〇年に起こった、江戸幕府が豊臣宗家を滅ぼした戦い。

※2　徳川秀忠とお江の長女。従兄の豊臣秀頼と七歳で結婚し、大坂城に入る。祖父、家康の攻撃により大坂城が落城したあと、一九歳で本多忠刻と再婚。

岡山城 ◆豪姫

関ヶ原合戦の敗北で、泣く泣く岡山城を去る

岡山城《おかやま》 ①所在地・岡山県岡山市 ②築城年・天正一八年（一五九〇） ③築城主・宇喜多秀家 ④形式・平山城

◆秀吉の養女時代は、才気煥発なお姫さま

加賀百万石の祖、前田利家（※1）とまつの娘だった豪姫は、父と豊臣秀吉の関係を強化するため、秀吉のもとに養女に出された姫さまだ。人質といえなくもないが、子どものいなかった秀吉と北政所の夫妻は、愛らしくて陽気な豪姫を溺愛し、秀吉は「豪が男だったら関白にしたのに」と、もらしたほどだった。

そして天正一六年（一五八八）、豪姫が一五歳のとき。「三国一の婿をとる」と言っていた秀吉が選んだ備前国（※2）の岡山城城

※1　豊臣政権の五大老の一人。

※2　現在の岡山県南東部。

1966年に再建された天守閣

主、宇喜多秀家と結婚。秀家も一七歳の美少年だった。その後、夫婦は二男一女をもうける。

ところで、この岡山城は自分の勢力に見合ったものにしようと、秀家が秀吉にアドバイスを受けながら、結婚後に建てたものだ。父の直家が住んでいた城の左隣の丘陵にある。当時としては目を見張る大型建造物で、とても立派なものだった。

豪姫はその岡山城の中で、夫と子どもたちと幸せに暮らしていた。

◆夫と息子が流刑に。失意の豪姫は実家へ戻る

ところが、秀吉亡きあとの関ヶ原合戦で、秀家が加わっていた西軍が敗北。首謀者の石田三成はさらし首にされ、夫の秀家は息子と

ともに八丈島に流刑が決まった。豪姫もいっしょに八丈島へ行くことを願ったが、体が弱かったこともあり、それは聞き入れられなかった。ついに、豪姫は娘を連れて岡山城を去らなくてはならなくなってしまったのだ。

その後、しばらく実家に身を寄せ、夫と息子の身を案じながら過ごしたが、その姿をふびんに思った豪姫の弟、前田利長が幕府と交渉し、八丈島にお金や米、衣類などの物資を送ることは許された。とはいえ、夫や息子たちに会うことは二度となかった。

それ以降幕末にいたるまで、八丈島にいる宇喜多家の子孫への援助は続けられたという。

八丈島の西岸に、千畳敷と呼ばれる海岸があるが、ここに平成九年（一九九七）、宇喜多秀家と豪姫の像が並んで建てられた。この年が、岡山城の築城四〇〇年という節目だったからだ。仲の良かった夫婦は、約四〇〇年後に、ようやく再会できたわけである。

古渡城 ◆濃姫

一〇代の〝うつけ者〟信長を見抜いていた才女

古渡城《ふるわたり》（廃城）①所在地・愛知県名古屋市 ②築城年・天文三年（一五三四）③築城主・織田信秀 ④形式・平城

◆一四歳の〝麗しい〟花嫁と、一七歳の〝うつけ〟花婿

天文一七年（一五四八）、尾張の（※1）織田家の長男、織田信長と美濃（※2）の武将である斎藤道山の娘、帰蝶《きちょう》の結婚式が尾張の古渡城《ふるわたり》で行われた。そのころ、戦いを繰り返していた織田家と斎藤家に講和が成立したのだが、それを盤石のものにしようとする政略結婚だった。

ところで、この古渡城は信長の父が建てた、四方を二重の堀で囲まれた城だ。しかし、信秀が末森城を築いて拠点を移したため、結

※1 現在の愛知県西部。
※2 現在の岐阜県南部。

婚式と同じ年に、築城から一四年という短い期間で廃城となった。

結婚式に話を戻そう。新郎新婦は、ともに一〇代半ばという若さだった。

たくましい花婿と細身の花嫁が並んだ様は絵になったが、列席者は思わず息をのんだという。「美濃の宝」とまでいわれていたのも納得、一四歳だった帰蝶があまりにも美しかったからだ。

「マムシ」と呼ばれた父にどう教育されたかはわかっていないが、美人のうえ、一四歳にしてしっかり者だったらしい。

若いころの信長は奇妙な言動で「うつけ者（※3）」と呼ばれていた。結婚式のときも鼻をほじりながら、美しい花嫁の顔をのぞき込んでは酒をあおるという、

濃姫像

※3　まぬけ、愚か者ものこと。信長は周囲の目をあざむくため〝うつけのフリをしていた〟というのが定説である。

うつけぶり。

◆結婚後の生活は謎のベールに包まれたまま

結婚式の夜、帰蝶は側近に新郎の印象を聞かれて、「まことのうつけでございます。でも、今日からは帰蝶がとまっておりまする」と言ったといわれる。〝帰蝶〟と〝貴重〟をかけたという説があるが、信長を「貴重なうつけ」と表現した帰蝶は、人を見抜く目があったというべきだろう。

濃姫とは〝美濃出身〟という意味でつけられた名前で、帰蝶の結婚後の呼び名だ（※4）。帰蝶は明智光秀の従妹という説もあるが、それ以上に、彼女には結婚後の消息でわかっていることがほとんどない。安土城に住んだため、文献に書かれている「安土殿」というのは濃姫のことだろう、信長とのあいだに子どもはできなかった、本能寺の変のときに夫とともに亡くなった、いや、その後も生きていた、等々。じつに、謎に包まれた姫さまだったのである。

※4　姫さまたちは、結婚したあとは出身地を表す呼び名や、居住した城の名前で呼ばれることが多かった。

沼田城 ◆小松姫

真田家を二分した関ヶ原合戦で、沼田城を守った姫さま

沼田城《ぬまた》（廃城）①所在地・群馬県沼田市 ②築城年・享禄五年（一五三二）③築城主・沼田顕著 ④形式・丘城

◆夫と義父が敵・味方に

慶長五年（一六〇〇）の関ヶ原合戦のとき、北信濃（※1）の真田家は親子で敵と味方に分裂してしまった。それぞれ妻の実家の味方をしたからだ。

父の真田昌幸と息子の真田幸村は毛利輝元、石田三成、上杉景勝らが率いる西軍に、上の息子の信之は徳川方の東軍についた。

その信之の妻が、小松姫である。小松姫は、徳川の家臣のなかでも猛将として知られる本多忠勝の娘で、一四歳のときに家康の養女

※1 現在の長野県北部。

小松姫

となってすぐ、信之に嫁いでいる。武家の女性としてのたしなみは完ぺきで、しかも美人だった。

最初、家康が嫌いだった舅の昌幸はこの縁談が気に入らなかったというが、小松姫をひと目見たとたん、「息子にはもったいない」と言ったそうだ。

信之と小松姫の新居は沼田城。沼田は北関東の軍事拠点として重要な場所だったため、諸勢力がねらっていた。その中心である沼田城は利根川と薄根川の合流地点に建ち、しかも、ふたつの川沿いは七〇メートルほどの崖になっていて、天然の防御壁を備えていた。

◆その才覚は、武将の妻の鑑《かがみ》

親子が敵と味方に分かれた激しい戦いのなかで、ある晩、こんなことがあった。

居城の上田城に帰ろうとした昌幸は、途中にある沼田城に立ち寄って、かわいい孫の顔を見たいと思った。そこで、沼田城に使者を送り、夫の留守を守る小松姫に伝えたのだ。

ところが、小松姫は武家の女性の鑑《かがみ》だ。「たとえお義父さまでも、敵である以上、城内に入れることはできません」と、きっぱり断ったのである。昌幸も腹を立てるどころか、「武士の妻たるもの、こうでなくては」と感心したそうだ。

しかし、それでは終わらないのが小松姫。その後、小松姫は子どもたちを連れて義父が宿泊する寺をそっと訪れ、そこで孫たちに会わせたという。

じつは、昌幸は孫に会いたいと言いながら、沼田城を奪う心づもりがあったという説もあるが、小松姫はそれも見越していたのかもしれない。

そして、戦いは信之側の東軍が勝利し、昌幸や幸村は紀州（※2）の九度山に追放となった。それからも、小松姫はたびたび食料を送るなど、義父や義弟を気遣いつづけたという。

※2　現在の和歌山県。九度山には、真田親子が住んだ館跡に「真田庵」という寺が建てられ、観光名所となっている。

金沢城

◆まつ

冷静な判断力とあつい情で、お家を盛り立てた女性

金沢城《かなざわ》　①所在地・石川県金沢市　②築城年・天正八年（一五八〇）　③築城主・佐久間盛政　④形式・平山城

◆夫の戦功を裏で操る賢い妻

豊臣秀吉に仕え、加賀百万石の大名となった前田利家の正室が、まつである。尾張（※1）の豪族、篠原一計の娘として生まれたまつだが、早くに父を亡くしたため従兄である利家の家に引き取られ、兄妹のように育った。そして、永禄元年（一五五八）、一二歳のときに一〇年上の利家と結婚。

まつは、二男九女と一一人もの子どもを生むという子だくさんだったが、夫の出世を助けた〝できる妻〟としても知られている。

※1　現在の愛知県西部。

金沢城河北門

まつ

天正一一年（一五八三）の賤ケ岳《しずがたけ》の戦い（※2）で、利家が柴田勝家側から豊臣秀吉側に寝返ったときも、まつが夫と秀吉との間を取り持った。

勝家がこもる北庄城に向かう途中、秀吉は利家の家に立ち寄り、力を貸してくれと頼んだ。そのとき、勝家よりも秀吉につくほうが得策と思ったまつは、息子の利長まで出陣させることを申し出て、秀吉の夫への信頼を勝ち取ったのだ。賤ヶ岳の戦いに勝利を収めたあと、利家は秀吉から金沢城を与えられた。

◆前田家存続に生涯を捧げた

また、その翌年の末森城の戦い（※3）でも、まつは活躍する。

秀吉から「金沢城の守りを固めろ」と言われていた利家だが、その言葉に反して出陣の覚悟を決める。そこへ、まつが蔵から金銀を入れた皮袋を持ち出してきて言ったのだ。

「私は、敵の攻撃に備えるために兵を養うようにいつも言ってきた

※2　天正一一年（一五八三）の近江国伊香郡（現在の滋賀県長浜市）での、織田勢力を二分する豊臣秀吉と柴田勝家の戦い。この戦いの敗北により、勝家と妻のお市が自害した。

※3　豊臣秀吉と、織田信雄・徳川家康連合軍の戦い。現在の石川県押水町越中で起こった戦い。織田・徳川連合軍の佐々成政が利家が所有する朝日山城を襲ったが、それを知った利家が撃退した。

のに、あなたは蓄財ばかりに精を出してきた。いま、この大事ないくさのとき、兵の代わりに召し連れて、金銀に槍《やり》を突かせてはいかが」と。

このまつの言葉は、利家にとって効果てきめんだった。秀吉の命令に背いて出陣する心苦しさを吹き飛ばしたのだ。

末森の戦いをめぐってはもうひとつ。

出陣する夫と重臣たちに向かい、「もしも末森の城が陥落したら、生きては帰らないで。私もみなの家族とともに城に火を放って自害しますから」と言って、全軍の士気を高めた。さらに、夫らの出陣を見送ったあと、まつは重臣の妻たちを城に集め、重ねて敗戦のときの自害の覚悟を迫った、というエピソードも残っている。

まつは、夫の死後も徳川幕府の人質になる（※4）など、前田家を存続させるために生涯を捧げた女性だった。

※4　利家が亡くなったあと、徳川家康が跡取りの利長に謀反の疑いがもった。そこで、まつが人質になることで、嫌疑を晴らそうとしたのだ。女性初の江戸幕府にとって、女性初の人質だった。

伏見城・大坂城・姫路城

◆千姫

名城三城に移り住んだ人生

伏見《ふしみ》城　①所在地・京都府京都市　②築城年・文禄元年（一五九二）
③築城主・豊臣秀吉　④形式・平山城

◆生涯で唯一、平和な時代を過ごした伏見城

千姫は、徳川二代将軍の秀忠と、正室お江の娘。慶長二年（一五九七）、京都の伏見城内にあった徳川家の屋敷で生まれた。

じつは、伏見城というのは豊臣秀吉と徳川家康が造った複数の城からなっているのだが、そのころ家康は豊臣家の五大老の一人だったため、同じ城内に住んでいたのだ。

すくすくと育った千姫だったが、物心がついてすぐ、両親から引き離されてしまう。秀吉の息子、秀頼と結婚するため大坂城に移っ

千姫

たのだ。そのとき、千姫は七歳。今でいえば小学校にあがる年齢だ。そして、夫の秀頼は一一歳だった。

これは、勢いを増す徳川家との関係をつなぐため、老い先の短い秀吉が熱烈に希望し、千姫が二歳のときに婚約を交わした政略結婚である。秀吉が亡くなったのは、婚約が整った直後だった。

秀頼は秀吉の側室、淀殿の子。千姫の母、お江は淀殿の妹だから、秀頼と千姫は従兄妹でもある。

◆大坂城での悲劇、そして姫路城へ

親元を離れ、さびしく過ごした千姫も、母方の祖母お市に似た美しい女性に成長。子どもには恵まれなかったものの、夫とは仲が良かった。夫に尽くし、徳川家との架け橋になろうとけなげに務めた千姫だったが、実家と嫁ぎ先は決裂することになる。

千姫が一九歳のとき、大坂夏の陣が始まり、千姫の祖父である家康と父の秀忠が大坂城を攻撃。それでも千姫は大坂城にとどまり、夫や義母と運命を共にする覚悟だったが、落城寸前、千姫は城を抜け出す。夫の秀頼と義母の淀殿の助命嘆願のため、祖父の家康に会いに行ったのだ。しかし、その願いは聞き入れられず、秀頼と淀殿は城内で自害した。

実家に戻された千姫だったが、その翌年、今度は徳川家の家臣、譜代大名の本多忠政の息子の忠刻と再婚。本多家の居城である姫路城に移り住むことになる。

千姫のために築かれた西の丸御殿に住み、一男一女にも恵まれた。ようやく幸せな生活が訪れたかに見えたが、それもつかの間、相次いで息子と夫を亡くしてしまい、またもや悲しみのどん底に。

このように、千姫の一〇代、二〇代は激動の年月だった。そして三〇歳のころに江戸に戻り、出家。弟の三代将軍、徳川家光のすすめで江戸城のそばに住み、ふたりの夫を弔いながら、七〇歳で息を引き取るまで人々のために尽くしたという。

高知城

◆千代

倹約家で機知に富む妻が夫の地位を築いた

高知城《こうち》　①所在地・高知県高知市　②築城年・慶長六年（一六〇一）　③築城主・山内一豊　④形式・平山城

◆へそくりで、名馬をプレゼント

山内一豊という武将の名前は有名だが、「山内一豊の妻」のほうが、もっと有名である。

結婚したころ、山内一豊は、織田信長の家臣だった豊臣秀吉に仕えていたが、特別な功績もなく、つましい生活をしていた。

あるとき、夫が名馬をほしがっていることを知った千代は、馬の値段を尋ね、持参金（※1）からその金額を差し出した。その馬に乗った一豊を主君の信長が目にとめたこともあったらしい。

※1　つましい生活のなかで貯めたへそくりだったという説もある。

一方、枡《ます》を裏返してまな板がわりにしたり、布の切れ端を集めて着物を縫ったという、千代の倹約のエピソードも数多い。

◆主君の気持ちをつかむ機をとらえる

そして信長、秀吉が亡くなり、一豊が徳川家康の臣下になってからのことだ。

関ヶ原の戦いの前、会津征伐に参戦したときのこと。一豊のもとに千代から文箱が届いた。一豊は知らなかったが、文箱の中には大坂城からの手紙と、千代自身が書いた手紙が入っていた。

そして、もう一通、こより状にして使者の笠ひもにねじこまれた手紙もあった。一豊はまず、こより状の手紙を読み、文箱は未開封のまま家康に届けた。おそらく、一豊が読んだこより状の手紙で、文箱を未開封のまま家康に届けるよう千代が指示していたのではないかといわれている。

文箱の中の一通、大坂城からの手紙には家康の敵、石田三成の動

高知城の天守閣

山内一豊と千代

静が書かれてあり、もう一通は千代自身が書いた手紙だった。千代の手紙は一豊に宛てたもので、家康に忠義を尽くすようにと書かれていた。家康を喜ばせたことは間違いない。

　また、諸将が東軍につくか西軍につくか（※2）で迷うなか、いち早く自分の居城である掛川城（※3）を明け渡して大名たちの宿にしたいと伝え、家康を喜ばせたのも一豊だった。ここにも、千代が絡んでいたという説が根強い。

　これらのことが功を奏したのだろう。その後、一豊は土佐二〇万石の初代藩主に引き立てられた。そして、高知平野内に統治の拠点として高知城を築城し、城下町の整備も行ったのである。

　夫婦には娘がひとりいたが、早くに亡くしてしまった。一豊亡きあと、千代は土佐を離れて養子がいた京都で余生を過ごしたという。

※2　小《お》山《やま》評《ひょう》定《じょう》。関ヶ原合戦の直前に、現在の栃木県小山市で開かれた歴史的会議。

※3　現在の静岡県掛川市にあった城。室町時代、今川氏が遠江進出をねらって、家臣の朝比奈氏に命じて築城した。戦国時代には、一豊が一〇年間居城とした。高知城は、掛川城を模したとも伝えられる。

今すぐ行きたくなる！ 日本のお城

編著者　城の達人倶楽部
発行者　真船美保子
発行所　KK ロングセラーズ
東京都新宿区高田馬場 2-1-2　〒 169-0075
電話（03）3204-5161(代)　振替 00120-7-145737
http://www.kklong.co.jp
印　刷　中央精版印刷㈱
製　本　㈱難波製本
落丁・乱丁はお取り替えいたします。※定価と発行日はカバーに表示してあります。
ISBN978-4-8454-5098-5　C0220　Printed In Japan 2019